W0365128

Lanzarote

Reiseführer 2024

Wandern Sie auf Vulkanen, speisen Sie in Höhlen und entspannen Sie sich im Paradies

Adam O. Frady

Urheberrecht ©**Adam O. Frady**, 2024.
Alle Rechte vorbehalten. Kein Teil dieser Veröffentlichung darf ohne die vorherige schriftliche Genehmigung des Herausgebers in irgendeiner Form oder mit irgendwelchen Mitteln, einschließlich Fotokopie, Aufzeichnung oder anderen elektronischen oder mechanischen Methoden, reproduziert, verbreitet oder übertragen werden, außer im Fall kurzer Zitate in kritischen Rezensionen und bestimmten anderen nichtkommerziellen Nutzungen, die durch das Urheberrecht zulässig sind.

INHALT

Durch Teguise streifen

Erkundung anderer bemerkenswerter Städte und Dörfer

Top-Attraktionen

Timanfaya-Nationalpark

Jameos del Agua: Einzigartige unterirdische Höhlen

César-Manrique-Stiftung

Famara Beach: Surfparadies

Mirador del Río: Spektakulärer Aussichtspunkt

Kaktusgarten: Botanisches Wunder

El Golfo: Grüne Lagune und schwarzer Sandstrand

Outdoor-Aktivitäten

Wander- und Trekkingwege

Fahrradrouten

Wassersport

Tauch- und Schnorchelplätze

Kamelreiten und Jeep-Safaris

Route

7-tägige Reiseroute

Meine Lanzarote-Reise

Lanzarote war anders als jeder Ort, den ich jemals zuvor gesehen hatte. Von dem Moment an, als ich aus dem Flugzeug stieg, erfasste mich die Schönheit der Insel. Die trockene Landschaft, ein Teppich aus vulkanischen Rot-, Braun- und Schwarztönen, erstreckte sich unter einem unglaublich blauen Himmel. Es fühlte sich an, als hätte ich einen anderen Planeten betreten, einen, auf dem die Narben uralter Eruptionen in die Erde eingegraben waren.

Die Luft trug eine Wärme mit sich, die ich nicht erwartet hatte, eine sanfte Hitze mit einem Hauch von Salz und einem Hauch von Schwefel. Als ich mich auf den Weg zu dem malerischen, weiß getünchten Dorf machte, in dem ich übernachten würde, veränderte sich die Landschaft. Kakteen sprossen wie außerirdische Wächter aus dem unnachgiebigen Boden, ihre Silhouetten hoben sich deutlich von den sanften Hügeln ab. Weinfelder, die in dieser einzigartigen Umgebung irgendwie gedeihen, haben leuchtend grüne Flecken geschaffen. Es war ein

Beweis für die Widerstandsfähigkeit der Natur und der Inselbewohner, die im Einklang mit ihr arbeiteten.

Meine Tage verliefen in einem gemächlichen Rhythmus. Den Vormittag verbrachten wir damit, die Strände zu erkunden. Bei einigen handelte es sich um weite Streifen goldenen Sandes, die von türkisfarbenem Wasser umspült wurden, während es sich bei anderen um versteckte Buchten handelte, deren schwarzer Vulkansand eine schlichte und faszinierende Schönheit ausstrahlte. Der allgegenwärtige Atlantikwind peitschte meine Haare in Aufruhr und kühlte meine Haut. Doch unter der Wasseroberfläche war das Meer überraschend angenehm, und ich verbrachte Stunden damit, Felsenbecken voller Leben zu entdecken und vor unberührten Küsten zu schnorcheln.

Eines Nachmittags wagte ich mich in den Timanfaya-Nationalpark – das Herz des Vulkanfeuers der Insel. Die Landschaft verwandelte sich in eine trostlose, mondähnliche Weite. Krater übersäten die Erde wie riesige Pockennarben, und schroffe Lavaströme erstreckten sich endlos bis zum Horizont. Als ich in dieses surreale Gelände wanderte, konnte ich die stille Kraft der schlummernden Vulkane unter meinen Füßen spüren.

Später auf derselben Reise stieg ich in die Cueva de los Verdes hinab, ein Labyrinth aus unterirdischen Lavaröhren. Die höhlenartige Welt fühlte sich uralt an, die Luft war feucht auf meiner Haut. Die unheimliche Beleuchtung beleuchtete fantastische Felsformationen und zeigte die rohe Kraft geschmolzener Erde, die in der Zeit eingefroren war.

Zurück im Sonnenschein fühlte ich mich vom Erbe von César Manrique angezogen, einem Künstler, dessen Vision Lanzarote geprägt hat. Seine Kreationen waren eine harmonische Mischung aus Kunst und Natur. Jameos del Agua, in einen Vulkankrater gebaut, zeigte eine atemberaubende Salzwasserlagune voller Leben, während sein ehemaliges Zuhause, Taro de Tahíche, nahtlos in ein Lavafeld überging – ein kühnes architektonisches Statement in starkem Kontrast zur natürlichen Umgebung.

Die Abende verschmolzen zu einem Kaleidoskop lebhafter Sonnenuntergänge und tauchten den Himmel in Streifen aus Orange, Lila und Purpur. Ich würde lange Mahlzeiten in lokalen Restaurants genießen und die Aromen der Insel auf meiner Zunge tanzen lassen. Frische Meeresfrüchte, einfach zubereitet, schmeckten nach dem Meer, aus dem sie kamen. Zu den zerknitterten Kartoffeln, die auf nährstoffreichem Vulkanboden angebaut wurden, gab es feurige Mojo-Saucen. Lokale Weine mit einem Hauch von Mineralien wurden zu meinen Begleitern, während ich beobachtete, wie die Sterne den Nachthimmel malten.

Als meine Reise zu Ende ging, spürte ich, wie mich ein tiefes Gefühl der Veränderung überkam. Lanzarote war ein Ort voller rauer Schönheit und überraschender Kontraste. Die raue Landschaft hatte eine tiefe Wertschätzung für die Zähigkeit des Lebens entfacht. Die einzigartige Mischung aus Natur und Kunst beflügelte meine Fantasie. Ich verließ Lanzarote mit mehr als nur Erinnerungen oder Souvenirs; Ich verspürte ein Gefühl des Staunens, inspiriert von einer Insel, die mir eine völlig neue Definition von Schönheit gezeigt hatte.

Einführung

Überblick

Lanzarote, eine spanische Insel inmitten der faszinierenden Kanarischen Inseln, ist ein Ort, an dem dramatische Vulkanlandschaften, warmes Wetter und einzigartige künstlerische Akzente miteinander verschmelzen. Lanzarote liegt im Atlantischen Ozean und gilt als die östlichste Insel des Archipels. Es liegt etwa 125 Kilometer vor der nordafrikanischen Küste und etwa 1.000 Kilometer von der Iberischen Halbinsel entfernt.

Die Geschichte von Lanzarote begann vor etwa 15 Millionen Jahren, als vulkanische Kräfte die Insel aus den Tiefen der Erde formten. Zeugnisse seines feurigen Ursprungs sind überall zu finden – über 300 Vulkankegel prägen die Landschaft, Lavafelder erstrecken sich über das Gelände und markante schwarze Sandstrände säumen die Küste. Diese jenseitige Umgebung bietet außergewöhnliche Sehenswürdigkeiten wie den Timanfaya-Nationalpark, ein Zeugnis der beeindruckenden geologischen Vergangenheit der Insel.

Hier werden Besucher Zeuge einer ruhenden Vulkanlandschaft, in der die Erde knapp unter der Oberfläche noch brodelt.

Über Timanfaya hinaus lädt Lanzarote zur Erkundung weiterer Naturwunder ein. Die Cueva de los Verdes ist ein bemerkenswertes Lavaröhrensystem, ein unterirdisches Wunderwerk, das durch antike Eruptionen entstanden ist. Mirador del Rio, ein atemberaubender Aussichtspunkt, bietet atemberaubende Panoramen auf die Insel und die benachbarten Inselchen.

Ein Klima mit Sonnenschein und sanften Regenfällen

Lanzarote genießt ein trockenes und mildes Klima, eine perfekte Ergänzung zu seinem vulkanischen Gelände. Die Sonne scheint hell, die durchschnittliche Jahrestemperatur liegt bei angenehmen 21,9 °C, ausgeglichen durch sanfte Niederschläge von durchschnittlich nur 144 mm pro Jahr. Dieses konstante Wettermuster macht es zu fast jeder Jahreszeit zu einem idealen Zufluchtsort für Sonnenhungrige.

Das Erbe von César Manrique

Die Insel ist nicht nur ein Naturwunder, sondern trägt auch die bemerkenswerte künstlerische Vision des lokalen Künstlers und Architekten César Manrique in sich. Als wahrer Visionär setzte sich Manrique für eine schöne Balance zwischen den Naturwundern Lanzarotes und den menschlichen Schöpfungen ein. Seine Werke sind fester Bestandteil der Insel: der bezaubernde Jardin de Cactus, ein botanischer Garten mit Kakteen aus aller Welt; die Fundación César Manrique, sein ehemaliges Zuhause, das in einen künstlerischen Raum umgewandelt wurde; und die Jameos del Agua, eine Reihe von Lavahöhlen, die kunstvoll in einen Kultur- und Freizeitkomplex integriert sind.

Ein UNESCO-Biosphärenreservat und Biodiversitäts-Hotspot

Lanzarotes bemerkenswerter Umweltwert brachte ihm 1993 den angesehenen Titel Biosphärenreservat der UNESCO ein. Diese Anerkennung unterstreicht die vielfältigen Ökosysteme der Insel, die eine Fülle an Pflanzen, Tieren und Meereslebewesen beherbergen – ein

Beweis für die ökologische Bedeutung dieses einzigartigen atlantischen Juwels.

Mit über 3 Millionen Besuchern pro Jahr hat sich Lanzarote aus gutem Grund zu einem beliebten Touristenziel entwickelt. Es erwarten Sie Abenteuer in vielfältiger Form: Kamelreiten durch die Vulkanlandschaften, endlose Möglichkeiten für Wassersport, malerische Wanderungen, Radtouren, Golf und sogar die Erkundung der lokalen Weinbautraditionen durch Verkostungen. Die Insel hat eine solide Infrastruktur zur Unterstützung des Tourismus aufgebaut, einschließlich eines internationalen Flughafens, eines Seehafens und eines zuverlässigen Transportsystems.

Arrecife und darüber hinaus

Arrecife, die Hauptstadt und größte Stadt Lanzarotes, ist das pulsierende Handels- und Verwaltungszentrum der Insel. Der Charme der Insel erstreckt sich jedoch auch auf andere Städte, von denen jede ihr eigenes Flair hat: Puerto del Carmen, ein geschäftiger Touristenort; Playa Blanca bietet ein entspannteres Resorterlebnis; Costa Teguise, beliebt für Wassersportler; und Haría, ein ruhiges Dorf im wunderschönen Tal der tausend Palmen.

Was Lanzarote einzigartig macht

Lanzarote, ein spanisches Juwel im Atlantik, unterscheidet sich aus dramatischen und subtilen Gründen von seinen Nachbarn auf den Kanarischen Inseln. Es ist eine Insel, auf der Erde, Feuer und menschliche Kreativität zusammengekommen sind, um eine Landschaft und Kultur zu formen, die ihresgleichen sucht. Das Erbe der Geburt Lanzarotes ist in jeden Zentimeter seines Geländes eingraviert. Dies ist ein vulkanisches Land, ein Ort, an dem der Boden unter Ihren Füßen Geschichten von geschmolzenem Gestein und feurigen Eruptionen erzählt. Über 300 Vulkankegel erheben sich wie uralte Wächter über die Insel und ihre Präsenz ist eine ständige Erinnerung an die mächtigen Kräfte, die diesen Ort geformt haben. Lavafelder, karg und faszinierend, erstrecken sich über das Land, und Strände mit unglaublich schwarzem Sand erzählen vom Tanz des Ozeans mit dem feurigen Herzen der Erde.

Der vulkanische Ursprung der Insel ist mehr als nur ein visuelles Spektakel; Sie enthalten auch historische Anklänge. Die jüngsten Vulkanausbrüche auf Lanzarote, noch im 18. und 19. Jahrhundert, haben eine mondähnliche Landschaft geschaffen, die so unwirklich ist, dass die NASA sie einst zum Testen ihrer Mondbuggys nutzte. Die Montañas del Fuego, die Feuerberge, beherbergen fast 100 Vulkane und zeichnen ein fast marsartiges Bild im Landesinneren Lanzarotes. Dieses dramatische Viertel der Insel liegt geschützt im Timanfaya-Nationalpark und ist ein Beweis für die raue, ungezähmte Schönheit der vulkanischen Kraft.

Wo Kunst und Natur ineinandergreifen

Doch Lanzarote ist nicht nur ein Produkt der Naturgewalten. Es trägt das unauslöschliche Zeichen menschlicher Kunstfertigkeit, ein Vermächtnis, an dessen Spitze der verehrte César Manrique steht. Dieser Sohn von Lanzarote war ein visionärer Künstler und Architekt, ein Mann, der keinen Konflikt, sondern Harmonie zwischen der rauen Schönheit der Insel und der Berührung der menschlichen Hand sah. Manriques tiefgreifender

Einfluss durchdringt die gebaute Umwelt der Insel; Die Strukturen fügen sich nahtlos in die Landschaft ein und spiegeln durch die Verwendung von Naturstein und traditionellem Stil die vulkanischen Formen wider.

Manriques eigene Kreationen sind selbst Attraktionen, die man gesehen haben muss: der Jardin de Cactus, ein botanisches Wunderland mit Kakteen aus aller Welt; die Fundación César Manrique, wo sein ehemaliges Zuhause heute ein faszinierender Kunstraum ist; und vielleicht das Faszinierendste von allen: die Jameos del Agua. Hier verwandelte Manrique eine Reihe von Lavahöhlen in einen atemberaubenden Komplex, eine Verschmelzung der rohen Formen der Natur und seiner avantgardistischen künstlerischen Vision.

Eine Insel voller Aromen, Kultur und Naturschutz

Die Einzigartigkeit Lanzarotes erstreckt sich auch auf seine kulinarischen Traditionen, eine reizvolle Mischung aus spanischen und afrikanischen Einflüssen. Frische Meeresfrüchte, auf der Insel angebautes Gemüse und ein Hauch von Gewürzen vereinen sich zu Aromen, die den lebendigen Geist der Insel widerspiegeln. Die Nächte auf Lanzarote bieten ihren eigenen Zauber mit einer Reihe von Bars, Clubs und Restaurants für unterschiedliche Geschmäcker und Energieniveaus.

Lanzarotes Engagement für den Naturschutz brachte ihm 1993 die Ernennung zum UNESCO-Biosphärenreservat ein. Eine einzigartige Flora und Fauna, darunter seltene endemische Arten wie die Kanarische Palme und die Lanzarote-Spitzmaus, gedeihen neben einer schillernden Vielfalt an Meereslebewesen. Delfine, Wale und Meeresschildkröten sind allesamt Besucher der Gewässer von Lanzarote. Die Insel fördert aktiv den Ökotourismus und den Schutz ihrer Naturschätze. Wander- und Radwege schlängeln sich durch die Landschaft und bieten Möglichkeiten für ruhige Erkundungen.

Lanzarote kennenlernen

Geografie und Klima

Die Kanarischen Inseln sind ein spanischer Archipel im riesigen Atlantischen Ozean und selbst ein Produkt vulkanischer Aktivität. Lanzarote nimmt als östlichste und viertgrößte der Gruppe einen besonderen Platz in diesem geologischen Erbe ein.

Die Geschichte der Insel beginnt vor etwa 15 Millionen Jahren, als sie aus den Tiefen auftauchte, als geschmolzenes Gestein aus dem kanarischen Hotspot ausspuckte – einer Mantelwolke, die unter der Erdkruste brodelte und für die Existenz des Archipels verantwortlich war. Heutzutage sind die Zeugnisse der Geburt Lanzarotes überall zu finden. Über 300 Vulkankegel durchdringen die Landschaft, einige schlummern noch, andere bewahren die Erinnerung an ihre feurige Vergangenheit in den kargen und wunderschönen Landschaften, die sie hinterlassen haben.

Das eindrucksvollste Zeugnis des vulkanischen Erbes Lanzarotes ist der Timanfaya-Nationalpark. Hier erstrecken sich fast 100 Vulkane über das Gelände, deren Präsenz so stark an die Marslandschaft erinnert, dass Wissenschaftler diesen Ort einst auswählten, um Monderkundungsfahrzeuge zu testen. Dieses Schutzgebiet zeigt die rohe Kraft der Vulkanausbrüche, insbesondere derjenigen des 18. und 19. Jahrhunderts, die das Herz der Insel für immer verändert haben.

Vulkane, Kakteen und versteckte Höhlen

Das visuelle Gesamtbild von Lanzarote ist eine beeindruckende Mischung aus rauen Texturen und überraschender Schönheit. Lavafelder schlängeln sich über das Land, gefrorene Erinnerungen an feurige Flüsse, die einst flossen, während Strände mit unglaublich schwarzem Sand vom Tanz des Ozeans mit dem vulkanischen Herzen der Insel erzählen. Aber Lanzarote bietet auch Naturwunder der anderen Art. Die Cueva de los Verdes ist ein Beweis für die Kunstfertigkeit des geschmolzenen Gesteins, eine Lavaröhre, die zu einem atemberaubenden natürlichen Tunnel geformt wurde.

Eine weitere vulkanische Schöpfung, die Jameos del Agua, beherbergt eine Reihe von Höhlen, die einen Salzwassersee und eine bemerkenswerte Art beherbergen – winzige blinde Albino-Krabben, die nirgendwo sonst auf der Erde zu finden sind.

Für diejenigen, die atemberaubende Ausblicke suchen, thront der Mirador del Rio hoch über der Insel und bietet atemberaubende Panoramen auf Lanzarote selbst und die benachbarte Insel La Graciosa. Pflanzenliebhaber werden vom Jardin de Cactus angezogen, einem botanischen Wunderwerk mit über 10.000 Kakteen aus den entlegensten Winkeln der Welt.

Die Winde, die Sonne und das einzigartige Klima

Lanzarote genießt ein trockenes Klima, das durch seine einzigartige Lage und die ständige Präsenz von Passatwinden geprägt ist. Diese Brisen wehen beständig aus Nordosten, insbesondere nachmittags, und sorgen für Abwechslung zu den warmen Temperaturen, die das ganze Jahr über im Durchschnitt angenehme 21,9 °C (71,4 °F) betragen. Gelegentlich ändern sich die Winde und die

„Calima“ kommt – eine heiße Böe vom afrikanischen Kontinent, die Staub oder Sand aus der Wüste mit sich bringt, wodurch die Sicht eingeschränkt und die Temperaturen für kurze Zeit erheblich ansteigen.

Obwohl es auf Lanzarote vier Jahreszeiten gibt, sind die Übergänge subtil. Die Winter sind mild und sonnig, ein Paradies für diejenigen, die eine Pause vom raueren Klima suchen. Der Frühling kommt mit Wärme und Trockenheit, während die Sommer vorhersehbar heiß mit klarem Himmel und endlosem Sonnenschein sind. Der Herbst bringt etwas mehr Luftfeuchtigkeit mit sich, bleibt aber warm und einladend.

Ein Zufluchtsort für Reisende und Abenteurer

Die einzigartige Geografie und das angenehme Klima der Insel schaffen ein ideales Umfeld für Reisende, die etwas anderes als den üblichen Strandurlaub suchen. Kamelritte durch die Vulkanlandschaft bieten eine einzigartige Erkundungsvariante, während die abwechslungsreiche Küste zu einer Vielzahl von Wassersportarten einlädt. Wanderer und Radfahrer können sich auf Pfaden verirren, die sich durch außergewöhnliches Gelände schlängeln, während diejenigen, die es entspannter mögen, eine Runde Golf inmitten der Vulkanlandschaft spielen können. Feinschmecker werden sich an der Weinbautradition Lanzarotes und den frischen Aromen seiner Gastronomie erfreuen.

Trotz all seiner Naturwunder finden Besucher, dass Lanzarote gut mit der Infrastruktur ausgestattet ist, die für einen komfortablen Tourismus erforderlich ist. Ein internationaler Flug- und Seehafen verbindet die Insel mit der Welt, während ein zuverlässiges Straßen- und öffentliches Verkehrsnetz die Erkundung der Insel zum Kinderspiel macht. Arrecife, die Hauptstadt und größte Stadt, ist das geschäftige Handelszentrum der Insel. Wer jedoch den Charme Lanzarotes kennenlernen möchte, wird in kleineren Städten wie Puerto del Carmen, Playa Blanca, Costa Teguise und dem ruhigen Dorf Haría fündig.

Geschichte und Kultur

Die Geschichte Lanzarotes entfaltet sich wie ein episches Gedicht, geprägt von vulkanischen Anfängen, der Ankunft neuer Völker und einem Kampf ums Gedeihen inmitten natürlicher Nöte und der Ambitionen von Imperien. Die Geschichte der Insel beginnt weit zurück in der Zeit, vor etwa 15 Millionen Jahren, als feurige Eruptionen sie aus den Tiefen des Ozeans rissen. Damit gehört sie zu den ältesten der Kanarischen Inseln, eine Kette, die von den gleichen vulkanischen Kräften geformt wurde.

Lange bevor die Europäer Lanzarote erblickten, wurde es von den Majos, einem Volk berberischer Herkunft, das vermutlich um 1000 v. Chr. hierher kam, als Tyterogaka bezeichnet. Sie lebten ein traditionsreiches Leben, in dessen Mittelpunkt die Tierhaltung und ein einfaches, ländliches Leben standen. Doch die Welt der Majos wurde im 14. Jahrhundert für immer verändert, als europäische Entdecker begannen, den Atlantik zu kartieren. Es war

Lancelotto Malocello, ein Seefahrer aus Genua, der der Insel ihren heutigen Namen gab.

Das Jahr 1402 war ein Wendepunkt, als der französische Adlige Jean de Bethencourt, unterstützt von der kastilischen Krone, die Insel erfolgreich eroberte. Lanzarote veränderte sich erneut, als einem kastilischen Adligen, Diego de Herrera, die Herrschaft übertragen wurde und eine Feudalherrschaft errichtete, die bis 1812 bestand. Dies war eine turbulente Ära, in der der Frieden des Insellebens häufig durch Eindringlinge auf der Suche nach Plünderungen und Sklaven zerstört wurde. Piraten aus Frankreich, Marokko und Großbritannien wechselten sich ab bei der Ausbeutung der Ressourcen und der Bevölkerung der Insel.

Auch Mutter Natur selbst hat uns harte Schläge versetzt. Die verheerenden Vulkanausbrüche zwischen 1730 und 1736 verwüsteten ein Viertel von Lanzarote und führten zu einer Auswanderungswelle aus der nun von Asche bedeckten Landschaft. Trotz dieser Rückschläge bewies die Insel eine bemerkenswerte Widerstandsfähigkeit. Die

Landwirtschaft erholte sich allmählich, der Handel blühte auf und eine lebenswichtige Infrastruktur nahm langsam Gestalt an. Weiteres Wirtschaftswachstum kam 1852, als Lanzarote zur Freihandelszone erklärt wurde. 1927 wurde die Insel vollständig in die Provinz Las Palmas integriert. Dieser Fortschritt führte zum Jahr 1982, einem monumentalen Jahr, in dem die Kanarischen Inseln, darunter auch Lanzarote, ihre Autonomie erlangten. Und 1993 erfolgte die weltweite Anerkennung der ökologischen Bedeutung Lanzarotes in Form der Ernennung zum UNESCO-Biosphärenreservat.

Kultur: Kunst, Tradition und Inselaromen

Die Kultur Lanzarotes ist ein lebendiges Geflecht aus spanischen und afrikanischen Einflüssen, verwoben mit tiefem Respekt vor der Umwelt und einem künstlerischen Geist, der das tägliche Leben durchdringt. César Manrique gilt als unangefochtener Verfechter dieser einzigartigen kulturellen Identität. Der auf Lanzarote geborene und aufgewachsene visionäre Künstler und Architekt widmete sein Leben der Aufgabe, dafür zu sorgen, dass die auf der Insel errichteten Bauwerke harmonisch mit der natürlichen Landschaft harmonieren. Bei seinen Entwürfen standen traditionelle Materialien wie Holz und Stein im Mittelpunkt, stets im Hinblick darauf, die raue Schönheit des Landes zu respektieren.

Manrique hat seine kreativen Spuren in vielen der beliebtesten Wahrzeichen Lanzarotes hinterlassen. Der Jardin de Cactus ist voller botanischem Leben; die Fundación César Manrique – sein ehemaliges Zuhause, das in ein Künstlerparadies umgewandelt wurde – feiert sein Leben und Werk; und die Jameos del Agua demonstrieren seine spielerische Einbindung vulkanischer Merkmale in einen faszinierenden Kulturkomplex. Über diese Kreationen hinaus setzte sich Manrique vehement für eine verantwortungsvolle, nachhaltige Entwicklung ein, die seine geliebte Insel vor den Verwüstungen des Massentourismus und der unkontrollierten Urbanisierung schützen würde.

Der katholische Glaube ist tief in der Identität Lanzarotes verwurzelt. Der Kalender der Insel ist voll von religiösen Festen und Prozessionen, darunter der fröhliche Karneval, die feierlichen Gedenkfeiern der Karwoche und Feiern zu Ehren des Schutzpatrons jeder Stadt. Und natürlich kommt die Kultur Lanzarotes in ihrer Küche zum Ausdruck, einer verlockenden Mischung aus frischen Meeresfrüchten, kräftigem Gemüse und einer Prise Gewürzen. Das Zusammentreffen afrikanischer, lateinamerikanischer und festlandspanischer Einflüsse zeigt sich in Gerichten wie „Sancocho", einem sättigenden Fischeintopf, oder den täuschend einfachen „Papas Arrugadas" – runzligen Kartoffeln, serviert mit der legendären „Mojo"-Sauce. Lokaler Wein, Käse und Honig verleihen dem kulinarischen Angebot der Insel eine weitere Köstlichkeit.

Musik, Tanz und Folklore bereichern das kulturelle Herz Lanzarotes zusätzlich. Traditionelle Inselmusik erinnert an die Vergangenheit, wobei Instrumente wie die „Timple" (eine kleine Gitarre), Trommeln und Flöten Melodien erzeugen, die über Generationen hinweg weitergegeben werden. Tänze wie „isa", „folia" und „malagueña" sind voller Bewegung und Freude und halten ein ausdrucksstarkes Erbe am Leben. Es gibt viele Mythen und Legenden, Geschichten über Phantomreiter, magische Feen und die allgegenwärtige Bedrohung durch den „bösen Blick“ verleihen der Erzählung der Insel einen Hauch von Geheimnis. Handwerkskunst spiegelt sich in den traditionellen Handwerken Lanzarotes wider – Töpferwaren, Korbwaren, Stickereien und Schmuck, die alle mit dem Stolz und dem Können von Kunsthandwerkern hergestellt werden, die tief in den künstlerischen Traditionen der Insel verwurzelt sind.

Flora und Fauna

Lanzarote ist mit seinem rauen vulkanischen Gelände und dem scheinbar unerbittlichen Sonnenschein kein Ort, an dem man eine Fülle von Leben erwarten würde. Dennoch verfügt die Insel über eine bemerkenswerte Vielfalt an Flora und Fauna, wobei zahlreiche Arten in dieser einzigartigen Umgebung gedeihen. Von der Küste bis zu den höheren Lagen beherbergt Lanzarote rund 500 Pflanzenarten, eine beeindruckende Zahl angesichts der trockenen Bedingungen. Einige davon sind nirgendwo sonst auf der Erde zu finden – 16 ausschließlich auf

Lanzarote, 30 auf den östlichen Kanarischen Inseln, 41 auf der gesamten Kanarischen Inselkette und 19 nur in der Region Makaronesien.

Die Vegetationszonen der Insel spiegeln die unterschiedlichen Bedingungen wider, die vom Meer bis zu den Vulkangipfeln herrschen. Entlang der Küste wachsen salztolerante Pflanzen. Im Landesinneren präsentiert die Tieflandzone eine Vielzahl von Sukkulenten, winterharten Sträuchern und Gräsern, die sich durch ihre Fähigkeit auszeichnen, auch bei minimalen Niederschlägen zu überleben. Mit zunehmender Höhe im Mittelland finden verschiedene Arten Fuß und weichen dann einer weiteren Pflanzengemeinschaft im Hochland der Insel.

Einige der berühmtesten Pflanzen Lanzarotes sind von großer Bedeutung für die Identität der Insel. Die süße Tabaiba, eine blühende Sukkulente mit fließendem Milchsaft, ist so ein Symbol der Insel, dass sie zum offiziellen Pflanzensymbol ernannt wurde. Der Lanzarote-Bugloss, eine lila blühende Schönheit, kommt nur auf dieser Insel vor. In bestimmten Gebieten, wie dem üppigen Tal von Haría, überragen die Kanarischen Palmen die Landschaft – stattliche Bäume, die zum größten Palmenhain der Insel beitragen.

Aber die botanischen Wunder enden hier nicht. Versteckt in den Jameos del Agua, einem durch Vulkanausbrüche entstandenen Höhlensystem, lebt der Jameito. Diese winzige Krabbe, sowohl blind als auch geisterhaft weiß, hat sich an ihre dunkle Salzwasserumgebung angepasst und ist nirgendwo sonst auf der Welt zu finden.

Das Tierleben Lanzarotes wird von einer faszinierenden Mischung von Faktoren beeinflusst: der Nähe zu Europa und Afrika, der Isolation der Inselexistenz und dem allgegenwärtigen Erbe vergangener vulkanischer Aktivitäten. Ungefähr 40 Wirbeltierarten sind auf der Insel beheimatet, darunter Reptilien, Säugetiere und Vögel. Wirbellose Tiere wie eine Vielzahl von Insekten, Spinnen, Weichtieren und Krebstieren erhöhen die Komplexität des Ökosystems.

Hier gedeiht die Atlantische Eidechse mit ihrem gesprenkelten braunen oder schwarzen Körper, was daran erinnert, dass die Kanarischen Inseln einen Zufluchtsort für diese Reptilien bieten. Ein Tier, das weniger unbemerkt bleibt, ist das Dromedar. Diese vor Jahrhunderten eingeführten einhöckrigen Tiere sind heute ein Synonym für Lanzarote und bieten Touristen eine einzigartige Möglichkeit, die Vulkanlandschaften des Timanfaya-Nationalparks zu erleben. Scharfe Augen können über sich den Turmfalken entdecken, einen häufig vorkommenden Greifvogel, der seinen Lebensunterhalt mit der Jagd auf Nagetiere, Insekten und kleinere Vögel auf der Insel verdient.

Am faszinierendsten ist vielleicht der kanarische Hubara, ein Vogel, dessen markantes Aussehen mit einem aufwändigen Balzritual einhergeht. Diese großen Vögel sind an die trockenen Ebenen der Insel angepasst und kommen nicht nur auf den Kanaren, sondern auch in bestimmten Regionen Nordafrikas vor.

Planen Sie Ihre Reise

Beste Reisezeit

Aufgrund des subtropischen Klimas auf Lanzarote herrscht nahezu konstant angenehmes Wetter, doch die Temperaturen, Winde und Niederschlagsmuster der Insel weisen das ganze Jahr über Unterschiede auf. Wenn Sie diese verstehen, können Sie anhand Ihrer Vorlieben den optimalen Zeitpunkt für einen Besuch bestimmen.

Die Hitze des Sommers

Die Sommermonate von Juni bis August sind zweifellos die heißeste und trockenste Zeit auf Lanzarote. Die Durchschnittstemperaturen liegen bei angenehmen 24,5 °C (76,2 °F), und Regen kommt nur selten vor. Allerdings bringt der Sommer auch die stärksten Winde mit sich. Die Passatwinde, insbesondere nachmittags, bieten eine willkommene Abwechslung von der Sonne, können aber manchmal auch Staub oder Sand aus der Sahara mit sich tragen. Dieses als „Calima“ bezeichnete Phänomen verringert die Sicht und kann zu kurzfristigen Temperaturanstiegen führen.

Die Ruhe des Winters

Dezember bis Februar sind mit Temperaturen um die 17,6 °C (63,6 °F) die kühlsten Monate auf Lanzarote. Obwohl es gelegentlich regnen kann, gibt es im Winter auch die meisten Sonnenstunden des Jahres – durchschnittlich sieben herrliche Stunden pro Tag.

Der Sweet Spot: Frühling und Herbst

Für viele Reisende bieten die Monate zwischen Sommer und Winter die idyllischsten Bedingungen. Von März bis Mai und von September bis November herrschen auf Lanzarote milde Temperaturen (durchschnittlich 19,9 °C /67,9 °F im Frühling und 23,3 °C /73,9 °F im Herbst). Die Niederschläge bleiben minimal und auf der Insel herrschen ruhigere Winde mit geringerer Wahrscheinlichkeit eines Kalima-Ereignisses.

Menschenmenge und Budget in Einklang bringen

Aufgrund der Beliebtheit Lanzarotes als Touristenziel wirken sich die Besucherzahlen direkt auf die Kosten Ihrer Reise aus. Die geschäftigste (und teuerste) Zeit auf der Insel sind zweifellos die Sommermonate Juli und

August, wenn europäische Familien für ihren Urlaub an die Strände der Insel strömen. Andere Spitzenzeiten, in denen es zu erhöhtem Andrang und höheren Preisen kommt, fallen mit den großen europäischen Schulferien zusammen, darunter Ostern, Weihnachten und Winterferien.

Für diejenigen, die sowohl weniger Menschenmassen als auch günstigere Preise suchen, ist die Nebensaison von September bis Juni (mit Ausnahme der Hauptferienzeiten) ideal. Sie werden nicht nur weniger Gedränge an den Hauptattraktionen erleben, sondern auch Ihre Reise- und Unterbringungskosten werden wahrscheinlich spürbar niedriger sein.

Der Ozean ruft

Wenn die Beobachtung von Delfinen und Walen ganz oben auf Ihrer Lanzarote-Wunschliste steht, ist die optimale Reisezeit zwischen April und Oktober. Dieser Zeitraum bietet die beste Kombination aus wärmeren Wassertemperaturen und optimaler Sicht und erhöht Ihre Chancen auf unvergessliche Begegnungen. Ausflüge zur

Delfinbeobachtung werden das ganze Jahr über angeboten. In diesen Monaten werden jedoch heimische Arten zuverlässiger gesichtet und die Wahrscheinlichkeit, wandernde Arten zu entdecken, steigt.

Für diejenigen, die nichts mehr lieben als ein Bad im Meer, ist das Wasser von Lanzarote sowohl klar als auch einladend. Die Meerestemperaturen erreichen ihren Höhepunkt von August bis Oktober mit herrlichen 23 °C (73,4 °F) und sind von Januar bis März mit immer noch angenehmen 18 °C (64,4 °F) am niedrigsten. Die ruhigeren Gewässer der Südküste sind tendenziell etwas wärmer als die exponierteren Nordküsten. Während es von Juni bis November angenehm zum Schwimmen ist, bevorzugen diejenigen, die empfindlich auf kühlere Temperaturen reagieren, möglicherweise auch in den wärmeren Monaten einen Neoprenanzug oder einen Rashguard.

Die beste Zeit ist Ihre Zeit

Letztendlich hängt die beste Zeit für einen Besuch auf Lanzarote von Ihren individuellen Prioritäten ab. Wenn

Ihr Herz an den heißesten Temperaturen und belebten Stränden hängt, könnte der Sommer perfekt sein. Wenn Sie einen ruhigen Rückzugsort bei mildem Wetter suchen, sind die Nebensaisonen Frühling und Herbst am besten für Sie geeignet. Und wenn das Budget Ihr Hauptanliegen ist, ist die Nebensaison möglicherweise die ideale Wahl. Lanzarote empfängt Besucher das ganze Jahr über. Der Schlüssel liegt darin, herauszufinden, welche Faktoren für Ihren perfekten Urlaub am wichtigsten sind!

Wie komme ich nach Lanzarote?

Lanzarote lockt Reisende aus nah und fern. Egal, ob Sie Ihre Reise auf dem spanischen Festland oder auf einer benachbarten Kanarischen Insel beginnen, der Weg nach Lanzarote umfasst hauptsächlich zwei Reisearten: Flugzeug und Schiff.

Ihr Flug bringt Sie zum Flughafen Lanzarote, der nur 5 Kilometer von der geschäftigen Hauptstadt Arrecife entfernt liegt. Vom Flughafen aus haben Sie mehrere Möglichkeiten, Ihr endgültiges Ziel auf der Insel zu erreichen. Öffentliche Busse bieten eine kostengünstige Wahl, Taxis bieten einen direkten Tür-zu-Tür-Service. Wenn Sie die größtmögliche Flexibilität wünschen, können Sie auch ein Auto mieten und die Vulkanlandschaften in Ihrem eigenen Tempo erkunden.

Vom spanischen Festland: Luft- und Seeoptionen

Reisende aus dem spanischen Festland profitieren sowohl von häufigen Flugverbindungen als auch von der Möglichkeit einer malerischen Seereise. Großstädte wie Madrid, Barcelona, Valencia, Sevilla und Santiago bieten Direktflüge nach Lanzarote. Ihre Flugreise dauert etwa 3 bis 4 Stunden, Hin- und Rückflugtickets kosten durchschnittlich etwa 200 US-Dollar. Flugsuchmaschinen können bei der Suche nach den besten Preisen für Ihre Wunschdaten von unschätzbarem Wert sein.

Für diejenigen, die eine gemütliche Seereise bevorzugen, bieten Fähren eine alternative Möglichkeit, Lanzarote zu erreichen. Der Hafen von Cádiz an der Südküste Spaniens dient als Ausgangspunkt für Ihre Überfahrt. Fähren der Trasmediterránea legen die Überfahrt nach Arrecife ab.

Rechnen Sie mit einer Reisedauer von etwa 36 Stunden. Die Preise für Hin- und Rückfahrten liegen in der Regel bei etwa 300 US-Dollar. Gegen eine zusätzliche Gebühr besteht die Möglichkeit, Ihr Auto mitzunehmen. Bedenken Sie, dass die Fähren nicht so häufig verkehren wie Flüge. Daher ist eine Voranmeldung unbedingt erforderlich.

Inselhüpfen

Wenn Ihr Lanzarote-Abenteuer auf einer der benachbarten Kanarischen Inseln beginnt, bieten schnelle und häufige Fährverbindungen ein ideales Transportmittel. Unternehmen wie Fred. Olsen Express, Naviera Armas und Líneas Romero bieten Routen zwischen Lanzarote und den Inseln Fuerteventura, Gran Canaria und Teneriffa an. Die Fahrzeiten variieren zwischen 25 Minuten und maximal sechs Stunden, wobei die Preise für Fährtickets je nach gewählter Route zwischen etwa 35 und 160 US-Dollar liegen. Wie bei anderen Fährreisen bietet die Möglichkeit, Ihr Auto gegen eine zusätzliche Gebühr mitzunehmen, einen weiteren Komfortfaktor.

Wenn Sie Lanzarote lieber mit dem Flugzeug von einer Nachbarinsel aus erreichen möchten, stehen Ihnen Direktflüge von Fuerteventura, Gran Canaria und Teneriffa zur Verfügung. Binter und Air Europa betreiben diese Strecken, die zwischen 30 Minuten und einer Stunde dauern. Hin- und Rückflugtickets kosten im Allgemeinen zwischen 80 und 200 US-Dollar.

Visabestimmungen und Reisedokumente

Lanzarote zieht mit seinen übernatürlichen Landschaften und seiner reichen Kultur Besucher aus der ganzen Welt an. Der erste Schritt bei der Planung Ihrer Reise besteht jedoch darin, die Einreisebestimmungen basierend auf Ihrer Nationalität zu verstehen. Die gute Nachricht ist, dass der Vorgang für viele Reisende bemerkenswert einfach ist.

Bürger der EU und des Schengen-Raums

Wenn Sie die Staatsbürgerschaft eines Staates der Europäischen Union (EU), des Europäischen Wirtschaftsraums (EWR) oder eines Landes besitzen, das dem Schengener Abkommen angehört, ist Ihr Weg nach Lanzarote recht einfach. Da Spanien Mitglied dieser Abkommen ist, benötigen Sie für die Einreise kein Visum. Das einzige notwendige Dokument ist entweder ein gültiger Reisepass oder ein Personalausweis. Wenn Sie aus dem Vereinigten Königreich kommen, ist es wichtig zu beachten, dass es ratsam ist, auf der Website mit Reisehinweisen Ihrer Regierung nach den aktuellsten Informationen zu den Einreisebestimmungen nach dem Brexit zu suchen.

Visumfreies Reisen für viele Nationen

Wie auch der Rest Spaniens gewährt Lanzarote Bürgern einer langen Liste von Ländern die visumfreie Einreise für Aufenthalte unter drei Monaten. Dazu gehören Nationen wie Andorra, Argentinien, Australien, Brasilien, Kanada, Chile, Kolumbien, Israel, Japan, Mexiko, Neuseeland, die Vereinigten Staaten und viele andere. Für die Einreise nach Lanzarote benötigen Sie lediglich einen gültigen Reisepass.

Schengen-Visa: Wenn sie benötigt werden

Wenn das Land, dessen Staatsbürgerschaft Sie besitzen, nicht zum EU-/EWR-/Schengen-Raum gehört oder auf der Liste der visumfreien Länder steht, müssen Sie vor Ihrer Reise wahrscheinlich ein Schengen-Visum für einen kurzfristigen Aufenthalt beantragen. Diese Art von Visum gewährt Ihnen die Einreise nach Lanzarote und erlaubt Reisen innerhalb anderer Schengen-Länder für bis zu 90 Tage innerhalb eines Zeitraums von 180 Tagen. Für den Bewerbungsprozess sind mehrere Belege erforderlich, darunter:

- Ein gültiger Reisepass. Es darf nicht innerhalb von sechs Monaten nach Ihrem geplanten Rückreisedatum ablaufen und mindestens eine freie Seite für Einreisestempel enthalten.
- Ein vollständig ausgefülltes und unterschriebenes Visumantragsformular.
- Ein aktuelles Passfoto von Ihnen.
- Nachweis einer Reiseversicherung. Diese Police muss alle möglichen medizinischen Kosten abdecken, die Ihnen

während Ihrer Reise entstehen könnten, einschließlich gegebenenfalls einer Rückführung.

- Unterkunftsnachweis. Dabei kann es sich um bestätigte Hotelreservierungen handeln oder, wenn Sie bei Freunden oder der Familie übernachten, um ein offizielles Einladungsschreiben Ihres Gastgebers.
- Nachweis ausreichender Mittel. Kontoauszüge oder ein Sponsorenschreiben können belegen, dass Sie über ausreichende Mittel verfügen, um während Ihres Aufenthalts auf Lanzarote für Ihren Lebensunterhalt zu sorgen.
- Nachweis des Reisezwecks. Dazu können Unterlagen wie Flugreservierungen, ein detaillierter Reiseverlauf oder offizielle Schreiben eines Arbeitgebers oder einer Bildungseinrichtung dienen.
- Visagebühr. Die Standardgebühr beträgt 80 Euro für Erwachsene bzw. 40 Euro für Kinder im Alter von 6 bis 12 Jahren.

Die spanische Botschaft oder das spanische Konsulat in Ihrem Wohnsitzland kann Sie bei der Beantragung eines Schengen-Visums unterstützen. Es ist wichtig, dass Sie mit diesem Vorgang mindestens 15 Tage vor Ihrer geplanten Ankunft auf Lanzarote beginnen. Die Bearbeitungszeiten können schwanken, daher ist es oft die klügste Strategie, den Antrag mehrere Wochen oder sogar Monate im Voraus zu stellen. Die Botschaft oder das Konsulat kann Ihnen auch Auskunft über den Status Ihres Visumantrags geben.

Budgetierung für Ihre Reise

Die atemberaubenden Landschaften und die einladende Atmosphäre machen Lanzarote zu einem äußerst begehrten Reiseziel. Allerdings erfordert die Verwirklichung des Traums, wie bei den meisten Urlauben, eine sorgfältige Budgetplanung. Indem Sie die wichtigsten Kostenbereiche verstehen und im Voraus recherchieren, können Sie realistische Erwartungen formulieren und möglicherweise Wege finden, die Gesamtkosten zu senken.

Flüge: Die erste Hürde

Die Kosten für Ihren Flug hängen natürlich davon ab, wo Sie Ihre Reise beginnen. Wenn Ihr Abenteuer auf einer benachbarten Kanarischen Insel beginnt, müssen Sie mit einem Preis von etwa 100 US-Dollar rechnen. Es ist wichtig zu bedenken, dass es sich lediglich um Durchschnittswerte handelt – die Flugpreise sind unglaublich dynamisch und werden von Faktoren wie der Saisonalität und der Zeit im Voraus, die Sie buchen, beeinflusst. Die Nutzung einer seriösen Flugsuchmaschine ist der Schlüssel zum Finden der besten Angebote.

Wo wirst du deinen Kopf ruhen lassen?

Die Unterkunft stellt einen weiteren erheblichen Teil Ihres Reisebudgets dar. Lanzarote bietet eine große Auswahl an Unterkunftsmöglichkeiten, von Hostels und Pensionen bis hin zu Luxusresorts. Ein Doppelzimmer in einem Mittelklassehotel kostet im Durchschnitt etwa 100 US-Dollar pro Nacht, aber Sie können auch preisgünstigere Alternativen entdecken oder sich auf Wunsch etwas ganz Besonderes gönnen. Wie bei Flügen ist die Buchung Ihrer

Unterkunft im Voraus eine kluge Strategie, sowohl um sich den idealen Platz zu sichern als auch möglicherweise auf bessere Preise zuzugreifen. Durch eine gründliche Recherche mithilfe einer zuverlässigen Hotelbuchungsplattform können Sie Preise und Annehmlichkeiten vergleichen und so die Wahl treffen, die Ihr Budget am besten mit Ihren Vorlieben in Einklang bringt.

Der Preis der Köstlichkeit: Essen auf Lanzarote

Die gute Nachricht für Feinschmecker ist, dass das Essen auf Lanzarote im Allgemeinen recht günstig ist, insbesondere im Vergleich zu anderen europäischen Hotspots. Für eine Mahlzeit in einem Mittelklasserestaurant müssen Sie mit etwa 15 US-Dollar pro Person rechnen. Selbstverständlich können Sie in örtlichen Cafés oder auf Märkten sogar noch preiswerter essen oder, wenn Ihre Unterkunft dies zulässt, einige Ihrer eigenen Mahlzeiten zubereiten. Hochwertige kulinarische Erlebnisse und Restaurants, die die Touristenströme in erstklassigen Lagen bedienen, werden natürlich einen hohen Stellenwert haben.

Sich auf der Insel fortbewegen

Die Transportkosten auf Lanzarote sind zum Glück recht überschaubar. Lokale Busse bieten eine kostengünstige Möglichkeit, sich fortzubewegen. Die einfache Fahrt kostet durchschnittlich nur 2 US-Dollar. Taxis sind teurer, aber immer noch erschwinglich, im Allgemeinen etwa 15 $ für eine typische Fahrt. Für größtmögliche Flexibilität sollten Sie die Anmietung eines Autos, eines Fahrrads oder eines Rollers in Betracht ziehen. Die täglichen Mietpreise liegen je nach gewähltem Fahrzeugtyp in der Regel zwischen 20 und 40 US-Dollar. Intelligentes Budgetieren könnte bedeuten, dass Sie eine Mischung aus verschiedenen Optionen nutzen – öffentliche Busse für längere Fahrten, Taxis für gelegentliche Luxusreisen und vielleicht einen Mietwagen für ein oder zwei Tage zur unabhängigen Erkundung.

Abenteuer und Attraktionen

Die von Ihnen gewählten Aktivitäten haben einen erheblichen Einfluss auf die Gesamtkosten Ihrer Reise. Lanzarote verfügt über eine Fülle natürlicher und künstlicher Attraktionen. Die Eintrittspreise für beliebte

Orte wie den Timanfaya-Nationalpark, die Jameos del Agua oder den Jardin de Cactus liegen bei etwa 10 US-Dollar pro Person. Für geführte Touren, Wassersportabenteuer oder Ausflüge zur Delfinbeobachtung sind natürlich höhere Preise erforderlich, oft im Bereich von 50 $. Budgetbewusste werden erfreut sein zu entdecken, dass Lanzarote auch viele kostenlose oder kostengünstige Möglichkeiten bietet, Spaß zu haben – Wandern, Radfahren, Schwimmen oder die Erkundung lokaler Museen kosten Sie oft nichts.

Die tägliche Gesamtsumme und darüber hinaus

Basierend auf den oben genannten Informationen sollte ein Einzelreisender damit rechnen, für seine Lanzarote-Reise etwa 176 US-Dollar pro Tag einzuplanen, einschließlich Unterkunft, Verpflegung, Transport und Aktivitäten. Es ist wichtig zu beachten, dass es sich lediglich um einen Durchschnitt handelt! Ihre tatsächlichen Ausgaben werden stark von Ihrem Reisestil beeinflusst. Begnügen Sie sich als Rucksacktourist mit einfachen Unterkünften und selbst zubereiteten Mahlzeiten oder sehnen Sie sich nach dem Komfort und den Annehmlichkeiten eines Resorts? Indem Sie einen Online-Reisekostenrechner verwenden und ihn an Ihre spezifischen Vorlieben anpassen, können Sie eine viel genauere Vorstellung davon bekommen, welche finanziellen Ressourcen Ihr Lanzarote-Abenteuer benötigen wird.

Nutzen Sie diese Website, um das perfekte Budget für Ihre Reise zu erstellen:
https://www.budgetyourtrip.com/spain/lanzarote

Regionen und Städte

Arrecife erkunden: Die Hauptstadt

Lanzarotes Hauptstadt Arrecife ist ein Ort, an dem sich Echos der Vergangenheit mit zeitgenössischer Lebendigkeit vermischen. Von den bescheidenen Anfängen als kleines Fischerdorf hat sich Arrecife zu einer modernen Stadt entwickelt und ist dennoch stark mit seinem Erbe verbunden. Besucher werden eine Mischung aus historischen Sehenswürdigkeiten, kulturellen Räumen und der einladenden Atmosphäre einer Küstenstadt entdecken.

Die historischen Wahrzeichen von Arrecife

Um die Geschichte von Arrecife zu verstehen, ist ein Besuch seiner Festungen ein Muss. Das Castillo de San Gabriel aus dem 16. Jahrhundert ist ein Beweis für die Notwendigkeit der Stadt, ihre Küsten zu verteidigen. Es wurde auf einer winzigen Insel erbaut, die durch einen Damm mit der Stadt verbunden ist, und beherbergt heute das faszinierende Internationale Museum der Auswanderung. Hier werden die Geschichte und Kultur der Kanarischen Inseln sowie die Geschichten derer, die von diesen Küsten auswanderten, präsentiert.

Ein weiterer Hüter der Vergangenheit ist das Castillo de San José. Diese Festung aus dem 18. Jahrhundert thront auf einer Klippe mit atemberaubendem Blick auf den Atlantik und wurde zum Schutz des wichtigen Hafens von Arrecife erbaut. Heute bietet es jedoch einen ganz anderen Schatz: das Museum für zeitgenössische Kunst. Innerhalb seiner Mauern werden Sie Werke lokaler und internationaler Künstler entdecken – darunter eine Hommage an César Manrique, einen Künstler und Architekten auf Lanzarote, dessen Einfluss die Insel durchdringt.

Charco de San Ginés

Kein Besuch in Arrecife ist vollständig, ohne den Charco de San Ginés zu erleben. Diese natürliche Lagune voller schimmerndem Meerwasser ist von bunt bemalten Häusern und Fischerbooten umgeben. Es verkörpert die tiefe Verbindung der Stadt zum Meer und dient als Treffpunkt für Einheimische und Besucher gleichermaßen. Schlendern Sie über die bezaubernde Promenade, die von lebhaften Bars, Cafés mit köstlichen Tapas und Geschäften voller lokaler Waren gesäumt ist.

Kirchen und Kultur

Die Kirche San Ginés, die dem Schutzpatron der Stadt gewidmet ist, ist ein Zeugnis des Glaubens. Dieses einfache, aber elegante Bauwerk aus dem 17. Jahrhundert verfügt über einen Glockenturm, eine anmutige Kuppel und einen Barockaltar, der von der Kunst der Vergangenheit zeugt.

Für diejenigen, die ein umfassenderes kulturelles Erlebnis suchen, bietet das Centro Insular de Cultura El Almacén eine einzigartige Gelegenheit. Dieses aus der Vision von César Manrique entstandene Kulturzentrum befindet sich in einem umgebauten Lagerhaus, das nun in einen dynamischen Raum für Ausstellungen, Workshops und Veranstaltungen zur Feier von Kunst und Bildung umgewandelt wurde. Auch wenn Sie keine Zeit haben, sich die Ausstellungen anzusehen, ist der Raum selbst mit Manriques künstlerischer Note einen Besuch wert. Das

Zentrum beherbergt außerdem ein Kino, eine Bibliothek und ein Café, sodass garantiert für jeden etwas dabei ist.

Strände für jede Stimmung

Arrecife verfügt über zwei Hauptstrände, die jeweils eine etwas andere Atmosphäre bieten. Playa del Reducto mit seinen einladenden goldenen Sandstränden ist das Herzstück des Strandes der Stadt. Ruhiges, klares Wasser macht diesen Ort zum idealen Ort zum Schwimmen und Schnorcheln. Für die Annehmlichkeiten müssen Sie nicht weit laufen; Eine lange, von wiegenden Palmen gesäumte Promenade bietet schattige Bänke, Spielplätze, Duschen, Toiletten und Rettungsschwimmerstationen. Zum bequemen Sonnenbaden können Liegestühle gemietet werden.

Nur 2 Kilometer westlich des Stadtzentrums liegt Playa del Cable. Hier entdecken Sie einen Strand aus vulkanischem schwarzem Sand und ein natürlicheres, weniger entwickeltes Gefühl. Die Gewässer sind tendenziell etwas aktiver, was sie zu einem Paradies für Surfer und Kitesurfer macht. Wenn Sie einen ruhigen Ort abseits der Menschenmassen suchen, ist Playa del Cable genau das Richtige für Sie. Obwohl dieser Strand weniger bebaut ist als Playa del Reducto, finden Sie dennoch praktische Annehmlichkeiten wie Parkplätze, Duschen und Toiletten.

Das Abenteuer ruft: Wassersport in Arrecife

Egal, ob Sie ein erfahrener Wassersportler sind oder zum ersten Mal ins Wasser eintauchen möchten, Arrecife bietet zahlreiche Möglichkeiten. Erfahrene Segler werden bei Lanzarote Sail bereit sein, ihnen bei ihrer Seefahrt behilflich zu sein. Dieses Schul- und Charterunternehmen bietet Kurse für jedes Können sowie Bootsverleih und spannende Ausflüge für Gruppen von bis zu 12 Personen an. Sie organisieren sogar besondere Veranstaltungen wie Regatten und private Partys auf dem Wasser.

Die Unterwasserwunder von Lanzarote laden zur Erkundung ein und das Aquatis Diving Center ist bereit, Ihre Tauchträume Wirklichkeit werden zu lassen. Ganz gleich, ob Sie ein Neuling sind, der an einem Anfängerkurs interessiert ist, oder ein zertifizierter

Taucher, der auf der Suche nach aufregenden Ausflügen ist, die professionellen Tauchlehrer werden Ihnen den Weg weisen. Entdecken Sie Schiffswracks, Höhlen und Riffe voller Meereslebewesen. Aquatis bietet außerdem einen Shop, einen Pool und einen Loungebereich zum Entspannen vor oder nach dem Tauchgang.

Big Blue Sea richtet sich sowohl an Angler als auch an diejenigen, die einfach nur den Nervenkitzel des Meeres erleben möchten. Ihre Charterausflüge bieten die Möglichkeit, sich im Fang von Thunfisch, Marlin, Dorado und anderen Arten zu versuchen. Für Snacks und Getränke ist gesorgt. Außerdem steht Ihnen ein sachkundiger Führer zur Seite, der Ihnen bei allem hilft, vom Ködern Ihres Hakens bis zum Identifizieren Ihres Fangs. Für diejenigen, die sich für das Meeresleben interessieren, sind die Delfinbeobachtungsausflüge im Big Blue Sea mit einem Hydrophon ausgestattet, sodass Sie die faszinierende Kommunikation dieser verspielten Kreaturen hören können.

Shoppen bis zum Umfallen ... und dann das Nachtleben genießen

Wenn es darum geht, Ihren Einkaufsdrang zu stillen und das perfekte Souvenir zu finden, ist Arrecife genau das Richtige. Gehen Sie zur Calle León y Castillo, der Hauptgeschäftsstraße, die durch die Stadt pulsiert. Hier erwartet Sie eine bunte Mischung aus Geschäften, Cafés und Bars. Stöbern Sie nach lokal hergestellten Köstlichkeiten wie Käse, Honig und den berühmten Weinen Lanzarotes. Boutiquen bieten Kleidung und Accessoires an und sorgen dafür, dass Sie ein wenig vom Stil der Insel mit nach Hause nehmen können. Wenn es Zeit für eine Pause ist, bieten die vielen Terrassen den idealen Ort, um einen Kaffee oder ein erfrischendes Getränk zu genießen.

Für ein traditionelleres Einkaufserlebnis bietet sich das Deiland Shopping Centre an, das 3 Kilometer östlich des Stadtzentrums liegt. In über 60 Geschäften finden Sie Mode, Elektronik, Kosmetik und mehr – außerdem einen Supermarkt, eine Bowlingbahn, ein Kino und einen verlockenden Food-Court. Kostenlose Parkplätze und

WLAN machen einen Besuch in Deiland bequem und stressfrei.

Wenn die Sonne untergeht, erwacht das Nachtleben von Arrecife zum Leben – insbesondere rund um den malerischen Charco de San Ginés. Eine Vielzahl von Bars, Kneipen und Clubs bedienen die unterschiedlichsten Geschmäcker. Lokale wie La Bulla ziehen Liebhaber von Rock-, Pop- und Indie-Musik an, wobei Konzerte und besondere Veranstaltungen für noch mehr Spaß sorgen. Für diejenigen, die gerne zu Salsa, Bachata oder Reggaeton tanzen möchten, bietet El Agua eine farbenfrohe Atmosphäre und veranstaltet sogar Tanzkurse. Und wenn House, Techno oder elektronische Musik Ihre Füße in Bewegung bringen, ist La Marea mit modernem Design und erstklassigen Sound- und Lichtsystemen der richtige Ort für Sie.

https://www.hellocanaryislands.com/lanzarote/

Entdecken Sie die offizielle Tourismus-Website von Lanzarote, um die wunderschöne Landschaft/Touristenziele von Lanzarote und andere

Dienstleistungen zu sehen, die Sie auf Lanzarote benötigen.

Entdecken Sie Playa Blanca

Playa Blanca, eingebettet im Süden Lanzarotes, lockt Besucher mit weißen Sandstränden, einem geschäftigen Yachthafen und der Leichtigkeit des Insel-Hoppings über seinen praktischen Fährhafen. Egal, ob Sie eine Familie auf der Suche nach einem kinderfreundlichen Urlaub sind, ein Paar auf der Suche nach einem romantischen Rückzugsort oder einfach jemand, der sich nach endlosem Sonnenschein sehnt, Playa Blanca hat etwas zu bieten.

Strände

Playa Blanca verfügt über drei Hauptstrände, von denen jeder seine eigene Persönlichkeit hat – und doch alle bequem zu Fuß vom Stadtzentrum aus erreichbar sind. Der Strand Playa Blanca trägt seinen treffenden Namen wegen des weißen Sandes, der seine Ufer ziert. Dieser gemütliche Strand bietet dank seines sanften, klaren blauen Wassers einen idealen Badeplatz. Die

Annehmlichkeiten sind reichlich vorhanden, darunter Sonnenliegen, Sonnenschirme, Duschen, Toiletten und die wachsame Anwesenheit eines Rettungsschwimmers für Seelenfrieden. Durch die zentrale Lage sind Sie nie weit von charmanten Geschäften, Cafés und Restaurants entfernt, wenn Sie eine Pause von der Sonne einlegen möchten.

Wenn Sie nach Osten fahren, entdecken Sie den Strand Playa Dorada, der auch als „Goldener Strand" bekannt ist. Hier erwartet Sie ein großzügiger Streifen goldenen Sandes sowie alle notwendigen Annehmlichkeiten für einen Tag zum Sonnenbaden und Schwimmen. Wassersportbegeisterte werden das hoteleigene Zentrum zu schätzen wissen, in dem Kajaks, Jetskis und Tretboote gemietet werden können. Durch die Nähe von Playa Dorada zur Marina Rubicon lässt sich Strandzeit und Besuch dieses stilvollen Yachthafens problemlos kombinieren.

Im Westen liegt Playa Flamingo, der „Rosa Strand". Sein einzigartiger rosafarbener Sand und das schillernd türkisfarbene Wasser schaffen eine postkartenwürdige Szene. Dieser Strand ist für seine Ruhe und einen natürlichen Wellenbrecher bekannt, der die Wellen zähmt, und ist besonders bei Familien mit kleinen Kindern beliebt. Sonnenliegen, Sonnenschirme, Duschen, Toiletten und Rettungsschwimmer sorgen für Komfort und Bequemlichkeit. Während Playa Flamingo nicht die unmittelbare Nähe zum Stadtzentrum bietet, sind Hotels, Bars und Restaurants in unmittelbarer Nähe.

Marina Rubicon

Zwischen Playa Blanca und Playa Dorada liegt die Marina Rubicon, ein moderner Zufluchtsort für Bootsbesitzer und Landratten gleichermaßen. Mit über 400 Liegeplätzen bietet dieser stilvolle Yachthafen Besuchern auch zahlreiche Möglichkeiten, seinen Charme zu genießen. Schlendern Sie am Ufer entlang und stöbern Sie in einer verlockenden Mischung aus Boutiquen, Kunstgalerien und Geschäften voller perfekter Souvenirs. Die vielen Restaurants und Bars des Jachthafens bieten eine vielfältige Auswahl an Gerichten, so dass für jeden Geschmack etwas dabei ist. Wenn Spaß abseits des

Strandes lockt, bietet der Yachthafen auch eine Bowlingbahn, ein Kino und einen Spielplatz. Und um einen echten Eindruck vom lokalen Leben zu bekommen, ist der lebhafte Markt, der jeden Mittwoch und Samstag stattfindet, ein Muss, wo Sie lokal hergestellte Produkte, einzigartiges Kunsthandwerk und Kleidung entdecken können.

Inselhüpfen: Fuerteventura erwartet Sie

Der Fährhafen von Playa Blanca dient als Ausgangspunkt für einen Tagesausflug. Die Insel Fuerteventura liegt nur eine 35-minütige Fahrt mit der Fähre entfernt. Hin- und Rückfahrkarten sind leicht erschwinglich und die Möglichkeit, ein Auto mitzunehmen, ermöglicht es Ihnen, die Gegend nach Ihrem eigenen Zeitplan zu erkunden. Fuerteventura, die zweitgrößte Insel der Kanarischen Inseln, ist berühmt für ihre weitläufigen Strände, atemberaubenden Naturparks und die Wassersportmöglichkeiten, die ihre Küste bietet. Nehmen Sie sich einen Tag Zeit – oder mehr! – um alles zu erleben, was diese Nachbarinsel zu bieten hat, und am Ende des

Tages zu den vertrauten Annehmlichkeiten von Playa Blanca zurückzukehren.

Papagayo-Strände

Am südöstlichen Rand Lanzarotes erwartet Sie eine Reihe von Stränden, die zusammen als Papagayo-Strände bekannt sind. Eingebettet in das Naturdenkmal Los Ajaches, eine geschützte Landschaft, die von vulkanischen Kräften geformt wurde, gelten diese Strände als die schönsten auf Lanzarote und sogar in ganz Spanien. Ihr Reiz liegt in der unberührten Kombination aus feinem weißen Sand, bemerkenswert klarem Wasser und atemberaubendem Panoramablick. Wenn Sie sich nach einem Stranderlebnis mit Schwerpunkt auf Schwimmen, Schnorcheln, Sonnenbaden und purer Entspannung sehnen, bietet Papagayo einen idyllischen Zufluchtsort abseits der Menschenmassen.

Insgesamt gibt es sieben Strände, wobei Playa de Papagayo, Playa de la Cera und Playa del Pozo am bekanntesten sind. Um diese abgelegenen Teile des

Paradieses zu erreichen, ist eine gewisse Abenteuerlust erforderlich, da der Zugang über eine unbefestigte Straße erfolgt und eine geringe Eintrittsgebühr (3 Euro pro Fahrzeug) erforderlich ist. Für viele trägt dies jedoch einfach zu ihrem unberührten Charme bei. Die Anreise kann auch mit dem Fahrrad, zu Fuß oder sogar per Schiff erfolgen. Es ist wichtig, vorbereitet zu sein, da die Strände selbst außer einem kleinen Restaurant am Playa de Papagayo keine weiteren Einrichtungen bieten. Packen Sie unbedingt Ihre eigene Verpflegung, ausreichend Wasser und reichlich Sonnencreme ein.

Wasserpark Aqualava: Spritzwasser und Nervenkitzel

Für ein ganz anderes Wasserabenteuer bietet der Aqualava Water Park familienfreundlichen Spaß in Playa Blanca. Dieser aufregende Wasserpark ist Teil des Hotelkomplexes Relaxia Lanzasur Club, heißt aber auch Tagesgäste willkommen. Abenteuerlustige finden eine Vielzahl an Attraktionen und Rutschen, die den Adrenalinspiegel in die Höhe treiben. Trotzen Sie dem Fluss Magma, spüren Sie die Hitze des Timan-Feuers oder navigieren Sie durch die Kurven der Corsario Bay. Für die

Kleinen gibt es einen eigenen Bereich mit einer Planschzone, einem skurrilen Piratenschiff und einer Minirutsche, die sich perfekt für kleine Abenteurer eignet. Wenn es Zeit zum Auftanken ist, bietet der Wasserpark ein Restaurant, eine Snackbar und einen Shop. Für die Aufbewahrung Ihrer Sachen stehen Schließfächer zur Verfügung.

Eines der einzigartigen Merkmale von Aqualava ist sein Engagement für Nachhaltigkeit; Das Wasser in den vielen Becken wird durch Erdwärme erwärmt. Der Park ist das ganze Jahr über für Besucher geöffnet. Eine Tageskarte kostet für Erwachsene etwa 20 Euro und für Kinder etwa 15 Euro.

Wir wagen uns nach Puerto del Carmen

Puerto del Carmen liegt an der Südostküste Lanzarotes und lockt Besucher mit seinem weitläufigen Strand, verlockenden Einkaufsmöglichkeiten und einer Fülle aufregender Aktivitäten an. Puerto del Carmen liegt günstig, nur 10 Kilometer vom Flughafen und 15

Kilometer von der geschäftigen Hauptstadt Arrecife entfernt und bietet für jeden Reisenden etwas.

Playa Grande: Ein Strand für jede Stimmung

Das Herzstück der Anziehungskraft von Puerto del Carmen ist zweifellos Playa Grande. Dieser scheinbar endlose Streifen goldenen Sandes erstreckt sich über bemerkenswerte 6 Kilometer entlang der Hauptpromenade der Stadt, der Avenida de las Playas. Klares, blaues Wasser macht es zu einem Paradies für Schwimmer, Sonnenanbeter und alle, die sich einfach nur mit dem Rauschen der Wellen als Soundtrack entspannen möchten. Notwendige Annehmlichkeiten wie Sonnenliegen, Sonnenschirme, Duschen, Toiletten und Rettungsschwimmer sorgen für Komfort und Sicherheit.

Aufgrund seiner beeindruckenden Länge bietet Playa Grande je nach gewähltem Abschnitt unterschiedliche Erlebnisse. Playa de los Pocillos, der östlichste Abschnitt, bietet ein ruhigeres, weitläufigeres Gefühl, unterstützt durch die natürliche Schönheit der Sanddünen. Der nahe gelegene Playa de Matagorda ist ebenfalls ruhig und ideal für Familien, da ein kleines Einkaufszentrum leicht zu erreichen ist. Wer die lebhafteste Atmosphäre sucht, fährt zum Playa de Guacimeta, dem zentralen und belebtesten Abschnitt. Hier wimmelt es an der Promenade von Bars, Restaurants und Geschäften. Der etwas abgeschiedenere Playa de Los Fariones liegt im Westen. Seine geringere Größe und die felsigen Bereiche sorgen für Abwechslung und hervorragende Schnorchelmöglichkeiten.

Shopper's Delight

Puerto del Carmen kommt dem Einkaufsdrang entgegen und bietet eine Auswahl für jeden Stil und jedes Budget. Für ein modernes Einkaufserlebnis ist das Einkaufs- und Freizeitzentrum Biosfera Plaza ein Muss. Dieser elegante Komplex liegt auf einem Hügel mit herrlichem Blick auf die Stadt und das Meer und verfügt über mehr als 50 Geschäfte mit Mode, Elektronik und Kosmetik – und sogar einen Supermarkt für den praktischen Bedarf. Wenn es Zeit für eine Pause ist, sorgen das Kino, die Bowlingbahn oder der verlockende Food-Court für Abwechslung und die Dachterrasse bietet atemberaubende Panoramen.

Der Altstadthafen versprüht einen ganz anderen Charme. Hier finden Sie traditionelle Produkte, die perfekt sind, um den Geschmack von Lanzarote nach Hause zu bringen, darunter Käse aus der Region, Honig, Wein und einzigartige Souvenirs. Der Wochenmarkt, der jeden Freitag stattfindet, ist ein lebhafter Ort, um frische Meeresfrüchte, Produkte und handgefertigte Schätze zu kaufen.

Natürlich ist die Hauptpromenade, die Avenida de las Playas, von noch mehr Geschäften, Cafés und lebhaften Bars gesäumt. Stöbern Sie nach Kleidung, Accessoires, Schmuck und Geschenken. Anschließend genießen Sie einen Kaffee, einen leckeren Snack oder ein erfrischendes Getränk auf einer der vielen einladenden Terrassen.

Aktivitäten für jedes Interesse

Puerto del Carmen sorgt dafür, dass es immer etwas zu tun gibt – sowohl im als auch außerhalb des Wassers. Taucher strömen in Scharen in diese Stadt, angezogen von der Aussicht auf einige der besten Tauchplätze Lanzarotes.

Playa Chica, das Wrack der Tiñosa und der Veril de la Tiñosa bieten die Möglichkeit, einer Fülle von Meereslebewesen zu begegnen, von bunten Fischen und Tintenfischen bis hin zu anmutigen Rochen und Meeresschildkröten. Vielleicht erkunden Sie sogar Unterwasserhöhlen, Tunnel und Schiffswracks! Zahlreiche Tauchzentren und Schulen bieten alles vom Ausrüstungsverleih bis hin zu Unterricht und geführten Touren für Taucher aller Erfahrungsstufen.

Wenn Sie sich ein Paradies mit unberührten Grüns vorstellen, ist Puerto del Carmen genau das Richtige für Sie mit zwei nahegelegenen Golfplätzen. Sowohl das Lanzarote Golf Resort als auch der Costa Teguise Golf Club bieten atemberaubende 18-Loch-Plätze mit Blick auf die Berge und die Küste. Clubhäuser mit Restaurants und Geschäften bieten den perfekten Ort zum Entspannen nach einem Tag auf dem Golfplatz.

Für einen unterhaltsamen Familienausflug bietet Rancho Texas Begegnungen mit wilden Tieren und Nervenkitzel im Wasser. Krokodile, Tiger, Papageien und Seelöwen sind nur einige der Bewohner, die Sie in diesem beliebten Tierpark treffen. Shows, Aktivitäten und Attraktionen sorgen für zusätzliche Spannung. Und wenn es Zeit für eine Abkühlung ist, bietet Rancho Texas auch einen Wasserpark mit Rutschen, Pools und kinderfreundlichen Planschzonen.

Durch Teguise streifen

Teguise: Echos der Vergangenheit

Teguise liegt im Herzen von Lanzarote und ist ein Zeugnis der langen Geschichte der Insel. Über 450 Jahre lang war sie stolz die Hauptstadt Lanzarotes. Heute gilt sie weithin als eine der charmantesten und historischsten Städte der gesamten Kanarischen Inselkette. In Teguise verflechten sich Überreste verschiedener Kulturen und Epochen zu einem einzigartigen Komplex architektonischen und künstlerischen Erbes.

Das historische Zentrum von Teguise

Das historische Zentrum von Teguise wurde offiziell als architektonisch-historisch-künstlerische Stätte ausgewiesen, ein Beweis für die zahlreichen Gebäude und Denkmäler von immenser Schönheit und historischer Bedeutung, die sich innerhalb seiner Grenzen befinden. Ein gemütlicher Spaziergang ist die perfekte Möglichkeit, in die reiche Vergangenheit der Stadt einzutauchen. Beginnen Sie mit der prächtigen Kirche Nuestra Señora de Guadalupe. Sie stammt aus dem 16. Jahrhundert und wurde im 18. Jahrhundert renoviert. Die barocke Fassade zieht die Blicke auf sich, während das Innere mit einer Decke im Mudéjar-Stil und einem gotischen Altarbild aufwartet. Die Kirche beherbergt außerdem eine bemerkenswerte Sammlung religiöser Kunstwerke, darunter Gemälde, Skulpturen und aufwendige Silberarbeiten.

Um einen Einblick in die Bemühungen Lanzarotes zu erhalten, sich gegen marodierende Piraten zu verteidigen, ist ein Besuch der Burg Santa Barbara ein Muss. Die Festung wurde im 16. Jahrhundert auf dem Vulkan Guanapay erbaut und bietet einen atemberaubenden Panoramablick auf die Insel und das umliegende Meer. Innerhalb seiner Mauern befasst sich das Pirateriemuseum mit der faszinierenden und manchmal brutalen Geschichte der Piraterie auf den Kanarischen Inseln und zeigt Artefakte, die diese Geschichten zum Leben erwecken.

Der Palacio Spínola bietet einen Einblick in das Leben der Elite Lanzarotes. Dieser Palast aus dem 18. Jahrhundert war einst die Heimat der einflussreichen Familie Spínola. Das Bauwerk ist ein beeindruckendes Beispiel traditioneller kanarischer Architektur mit einem zentralen Innenhof, einem kunstvoll geschnitzten Holzbalkon und einem wunderschönen Ziegeldach. Heute beherbergt der Palacio Spínola das Timple House Museum, eine Hommage an die Timple – ein kleines, gitarrenähnliches Instrument, das ein Synonym für die Kanarischen Inseln ist.

Beenden Sie Ihren Rundgang durch das historische Zentrum im Kloster San Francisco aus dem 16. Jahrhundert. Seine schlichte Eleganz liegt in der Einfachheit des Kreuzgangs, der Kirche und des friedlichen Gartens. Das Kloster beherbergt heute das Museum für sakrale Kunst und bietet einen Raum, um die religiösen und künstlerischen Schätze von Teguise zu bewundern, darunter Gemälde, Skulpturen und exquisite Gewänder.

Der Teguise-Markt: Eine Sonntagstradition

Jeden Sonntag verwandelt sich das historische Zentrum von Teguise in einen lebendigen Teppich aus Farben und Klängen, wenn von 9.00 bis 14.00 Uhr der Wochenmarkt stattfindet. Er ist einer der größten und beliebtesten Märkte der Kanarischen Inseln und zieht unzählige Besucher und Einheimische gleichermaßen an. Stöbern Sie an den Ständen voller handgefertigter Schätze, einzigartiger Souvenirs, Kleidung, köstlicher lokaler Speisen und Musik. Neben der Gelegenheit, das perfekte Andenken an Ihren Besuch zu finden, ist der Markt auch eine Gelegenheit, die Energie von Teguise zu erleben und seine Traditionen zu entdecken.

Über Teguise hinausgehen

Die zentrale Lage von Teguise macht es zu einem idealen Ausgangspunkt für die Erkundung weiterer Schätze Lanzarotes. Kunstliebhaber werden von der César-

Manrique-Stiftung angezogen. Dieses Kulturzentrum war einst das Zuhause und Atelier des renommierten Künstlers und Architekten, der die Landschaft Lanzarotes unauslöschlich geprägt hat. Hier können Sie seine Werke und seine beeindruckende Kunstsammlung besichtigen und seine meisterhafte Integration von Kunst und Natur erleben.

Eine weitere Kreation von Manrique, der Jardin de Cactus, ist ein Muss für jeden Botanik-Enthusiasten. Dieser einzigartige Garten beherbergt über 10.000 Kakteen aus allen Teilen der Welt. Bewundern Sie die erstaunliche Vielfalt an Formen, Farben und Größen. Eine traditionelle Windmühle und eine Vulkankulisse runden das Bild ab.

Eine ganz andere Landschaft erleben Sie am Strand von Famara an der Nordwestküste Lanzarotes. Dieser abgeschiedene Abschnitt mit goldenem Sand und klarem, blauem Wasser wird von dramatischen Klippen und Bergen eingerahmt. Egal, ob Sie in der Sonne entspannen, schwimmen oder sich im Surfen, Kitesurfen oder

Drachenfliegen versuchen möchten, Famara Beach bietet einen unvergesslichen Kurzurlaub.

Erkundung anderer bemerkenswerter Städte und Dörfer

Yaiza: Eine Vision der Ruhe

Eingebettet im Süden Lanzarotes, in der Nähe der jenseitigen Landschaften des Timanfaya-Nationalparks, liegt die malerische Stadt Yaiza. Oft als eine der schönsten Städte Spaniens gepriesen, liegt ihr Charme in der Erhaltung der traditionellen Architektur. Stellen Sie sich weiß getünchte Häuser vor, die mit bunten Blumen und sich wiegenden Palmen geschmückt sind. Eine Kirche, ein Museum und ein einladender Platz laden zum Verweilen und Genießen der Aussicht auf die Berge und das glitzernde Meer ein. Yaiza bietet eine friedliche Ruhepause, in der Sie die natürliche Schönheit und den entspannten Rhythmus des Insellebens genießen können.

El Golfo: Wo Farben kollidieren

Das Fischerdorf El Golfo ziert die Westküste Lanzarotes und ist bekannt für ein wirklich einzigartiges Naturwunder: die Grüne Lagune. Dieser kleine See, auch Charco de los Clicos genannt, liegt in einem Vulkankrater. Sein leuchtend grüner Farbton, der durch Algen und Mineralien im Wasser entsteht, steht in atemberaubendem Kontrast zum schwarzen Sand des umliegenden Strandes und dem tiefen Blau des Ozeans. El Golfo beherbergt außerdem einen Strand, einen Hafen und eine Reihe einladender Restaurants. Diese Lokale bieten den idealen Rahmen, um die frischesten Meeresfrüchte und vielleicht ein Glas des berühmten Weins der Insel zu genießen.

Arrieta: Ein Surferparadies

An der Ostküste Lanzarotes entdecken Sie das Küstendorf Arrieta. Dieser entspannte Ort ist ein großer Anziehungspunkt für Surfer und Strandgänger, die von Playa de la Garita angezogen werden, einem großzügigen Sandstrand mit klarem Wasser und mäßigen Wellen, ideal für diejenigen, die sich im Surfen versuchen möchten. Ein Pier, ein Spielplatz und eine schöne Promenade laden zum

Flanieren und Genießen der Aussicht ein. Die Atmosphäre von Arrieta ist lebendig und einladend, mit farbenfrohen traditionellen Häusern, Fischerbooten und sogar gelegentlichen Spritzern von Straßenkunst, die den Reiz noch verstärken.

Orzola: Tor nach La Graciosa

Das abgelegene Dorf Orzola markiert den nördlichsten Punkt Lanzarotes, einen Ort, an dem die Insel einfach im Meer zu verschwinden scheint. Von hier aus legen Fähren zur Nachbarinsel La Graciosa ab – der kleinsten und wohl bezauberndsten der Kanarischen Inseln. Orzola selbst verfügt über mehrere Strände, die zum Schwimmen, Schnorcheln oder einfach zum Sonnenbaden einladen. Dazu gehören Playa de la Canteria, Playa del Caleton Blanco und Playa de los Caletones. Wenn Sie Hunger verspüren, gibt es in Orzola einige Restaurants, die Sie gerne mit der lokalen Spezialität verführen: Sancocho Canario, ein würziger Fischeintopf, serviert mit Kartoffeln und würziger Mojo-Sauce.

Tinajo

Wenn Sie sich ins Landesinnere Lanzarotes wagen, finden Sie die Stadt Tinajo. Umgeben von Vulkanlandschaften und landwirtschaftlich genutzten Feldern können Sie hier eine traditionellere, authentischere Lebensweise auf der Insel erleben. Die Kirche, das Museum und der lokale Markt von Tinajo bieten Einblicke in das Erbe der Stadt. Der Markt ist ein besonders guter Ort, um lokal hergestellten Käse, Honig und Lanzarote-Wein zu finden. Die zentrale Lage von Tinajo macht es auch zu einem bequemen Ausgangspunkt für Ausflüge zu einigen der beeindruckendsten Naturwunder der Insel, darunter dem Timanfaya-Nationalpark, der Weinregion La Geria und der herrlichen Weite des Famara-Strands.

Top-Attraktionen

Timanfaya-Nationalpark

Der Timanfaya-Nationalpark auf Lanzarote ist ein Beweis für die dynamische Natur der Erde. Eine Reihe von Vulkanausbrüchen im 18. und 19. Jahrhundert hinterließen unauslöschliche Spuren auf der Insel. Alles begann im Jahr 1730, als es zu Ausbrüchen kam, die sechs Jahre lang unerbittlich anhielten. Große Teile der Insel – fast ein Viertel ihrer gesamten Landmasse – waren unter geschmolzenem Gestein, Asche und Trümmern begraben. Dörfer und Bauernhöfe wurden zerstört und die Ausbrüche veränderten das Klima und die Vegetation auf Lanzarote dramatisch. Der Name „Timanfaya“ stammt aus einem dieser betroffenen Gebiete und ist eine Hommage an einen örtlichen Bauern, der die Region sein Zuhause genannt hatte. Heute ist dieser Park, der 1974 zum Nationalpark erklärt wurde, der einzige Nationalpark in Spanien, der rein geologischer Natur ist.

Der Spielplatz eines Geologen

Der Nationalpark Timanfaya erstreckt sich über eine bemerkenswerte Fläche von 51,07 Quadratkilometern und beherbergt über 100 Vulkankegel und Krater. Die visuelle Wirkung des Parks entsteht durch eine Mischung aus Lavafeldern, Kratern, Calderas und sogar Geysiren. Die Farbpalette ist schlicht und unwirklich – eine Mischung aus Schwarz, Rot, Braun, Gelb und sogar überraschenden Grüntönen prägt die Landschaft. Das geologische Drama ist nicht nur für das Auge sichtbar; Der Boden unter deinen Füßen birgt Geheimnisse. Nur 13 Meter unter der Oberfläche können die Temperaturen erstaunliche 600 °C erreichen. Parkmitarbeiter demonstrieren dieses Phänomen, indem sie Wasser in den Boden gießen, der sich sofort in einen Dampfgeysir verwandelt. Um diese Hitze auf praktischere Weise zu nutzen, gibt es sogar einen Grill, der ausschließlich mit der Wärme des Vulkans betrieben wird.

Das Leben findet einen Weg

Aufgrund der rauen Bedingungen, die durch den vulkanischen Ursprung Timanfayas entstehen, ist die

Pflanzenwelt spärlich. Allerdings ist die Evolution eine mächtige Kraft und bestimmte Arten haben Wege gefunden, sich anzupassen. Flechten, Moose, Sukkulenten und winterharte Sträucher halten sich hartnäckig am Leben innerhalb der Parkgrenzen fest. Die Fauna ist ähnlich begrenzt, umfasst jedoch einige endemische Arten, die nirgendwo sonst auf der Erde vorkommen. Insekten, Reptilien, Vögel und Säugetiere finden in der vulkanischen Umgebung Nischen. Der vielleicht berühmteste Bewohner des Parks ist der Jameito. Diese winzige Krabbe, sowohl Albino als auch Blinde, ist im Salzwassersee in den Höhlen von Jameos del Agua zu Hause. Direkt vor der Küste schützt ein Meeresschutzgebiet das vielfältige Meeresleben entlang der Küste.

Timanfaya erleben

Als eines der beliebtesten Touristenziele auf Lanzarote begrüßt der Timanfaya-Nationalpark jedes Jahr über eine Million Besucher. Es gibt mehrere Möglichkeiten, die Wunder dieser feurigen Landschaft zu erleben:

- Die Ruta de los Volcanes (Vulkanroute): Diese geführte Bustour ist im Parkeintrittspreis enthalten und dauert etwa 40 Minuten. Es führt Besucher zu einigen der atemberaubendsten Orte, darunter die Montañas del Fuego (Feuerberge), Islote de Hilario und Caldera del Corazoncillo.
- Echadero de Camellos (Kamelritt): Für eine wirklich unvergessliche Art, Timanfaya zu erkunden, springen Sie auf den Rücken eines Kamels. Diese 20-minütigen Fahrten führen Sie entlang der Vulkanhänge und bieten atemberaubende Ausblicke auf den Park und Einblicke in die Küste. Kamele bieten Platz für zwei Personen und kosten 12 Euro.
- Sendero de Tremensana (Tremensana-Wanderweg): Ziehen Sie Ihre Wanderschuhe an und erleben Sie Timanfaya zu Fuß auf dieser geführten Wanderung. Der Weg ist etwa 2 Kilometer lang und führt vorbei an Lavafeldern, Kratern und Kegeln. Diese Spaziergänge sind kostenlos, aber reservieren Sie Ihren Platz unbedingt im Voraus im Besucherzentrum in Mancha Blanca.

- Sendero de la Costa (Küstenweg): Dieser 8 Kilometer lange, selbstgeführte Spaziergang führt Sie entlang der dramatischen Küste des Parks mit Klippen, Höhlen und Stränden, die es zu entdecken gilt. Es ist keine Reservierung erforderlich und die Teilnahme an diesem Spaziergang ist kostenlos.

Jameos del Agua: Einzigartige unterirdische Höhlen

Die Jameos del Agua auf Lanzarote sind ein faszinierendes Naturphänomen, das zu einem wirklich einzigartigen Erlebnis wird. Diese durch Ausbrüche des Corona-Vulkans entstandenen Höhlen sind Teil einer riesigen unterirdischen Lavaröhre, die als Tunnel von Atlantis bekannt ist. Dieses unterirdische Wunderwerk erstreckt sich über bemerkenswerte 6 Kilometer. Der Name „Jameos del Agua" bezieht sich sowohl auf die großen Öffnungen in Lavaröhren (Jameo) als auch auf das Vorhandensein eines faszinierenden Salzwassersees in den Höhlen, der vom Meer selbst gespeist wird.

Abstieg in ein Meisterwerk

Ihre Reise in die Jameos del Agua beginnt mit dem Abstieg über eine Treppe in den Jameo Chico, den ersten und kompaktesten Höhlenraum. Hier finden Sie eine Kasse, einen Souvenirladen und eine Bar, die Erfrischungen anbietet. In diesem Raum wird der Einfluss von César Manrique, dem beliebten Künstler und Architekten Lanzarotes, deutlich. Seine Vision verwandelte diese Höhlen in einen einladenden Raum, in dem natürliches Vulkangestein, Pflanzen und Holz nahtlos integriert wurden, um eine harmonische Umgebung zu schaffen. Manriques künstlerischer Touch zeigt sich auch in Skulpturen, Gemälden und sorgfältig platzierter Beleuchtung, die die Schönheit der Höhlen unterstreicht.

Der See: Herz der Höhlen

Ein schmaler Tunnel verbindet die Jameo Chico mit der Jameo Grande, der weitläufigsten der Höhlen und Heimat der berühmtesten Besonderheit der Jameos del Agua: dem unterirdischen Salzwassersee. Der etwa 100 Meter lange See mit unterschiedlicher Tiefe schimmert in einem faszinierenden Türkiston, der durch Sonnenlicht und die einzigartigen Mineralien im Wasser entsteht. Aber die Schönheit des Sees ist nicht nur visuell; Es ist die Heimat einer einzigartigen und faszinierenden Kreatur namens Jameito. Diese endemischen, gedrungenen Hummer, klein, weiß und blind, kommen ausschließlich in diesem See und anderen Abschnitten der Lavaröhre vor. Die Jameitos reagieren unglaublich empfindlich auf ihre Umgebung, weshalb ihr Schutz von entscheidender Bedeutung ist. Denken Sie daran, dass es strengstens verboten ist, das Wasser zu berühren oder etwas in den See zu werfen.

Unterirdisch speisen

Auf der anderen Seite des Sees finden Sie ein Restaurant, das nahtlos in die Höhle integriert ist. Genießen Sie Salate, Suppen, Fleisch, Fisch, Desserts und eine Auswahl an Getränken – und das alles mit einem atemberaubenden Blick auf den See dank eines großen Fensters. Bei schönem Wetter entscheiden Sie sich für die Terrasse mit Blick ins Freie. An bestimmten Abenden (dienstags, freitags und samstags) wird die Bühne des Restaurants mit Musik oder anderen Darbietungen belebt.

Gartenoase und Vulkanerkundung

Wenn Sie das Restaurant verlassen, entdecken Sie einen ruhigen Garten. Palmen, leuchtende Blumen und Kakteen sorgen für einen lebendigen Kontrast zum vulkanischen Herzen der Höhle. Der Mittelpunkt des Gartens ist ein schimmernder smaragdgrüner Pool mit einem sanft sprudelnden Brunnen – ein weiteres Beispiel für Manriques künstlerische Vision, Wasserelemente mit der rohen Kraft von Vulkangestein zu verbinden. Im Garten gibt es auch einen Aussichtspunkt, von dem aus Sie den Panoramablick auf die Küste und die Berglandschaft Lanzarotes genießen können.

Die letzte Höhle, die Jameo de la Cazuela, beherbergt ein Museum, das der Wissenschaft hinter den vulkanischen Ursprüngen Lanzarotes gewidmet ist. Die als Casa de los Volcanes bezeichneten Exponate umfassen ansprechende Ausstellungen, Modelle, Karten, Videos und sogar Virtual-Reality-Erlebnisse, die erklären sollen, wie die

Insel und ihre Vulkane entstanden sind. Sie finden ein Labor, in dem Instrumente zur Überwachung der laufenden vulkanischen und seismischen Aktivität vorgeführt werden, und eine Bibliothek voller Ressourcen für diejenigen, die ihr Wissen über Geologie und Vulkanologie vertiefen möchten.

César-Manrique-Stiftung

Die einzigartige Schönheit und der Charakter Lanzarotes sind für immer mit dem Leben und Werk von César Manrique verbunden. Der 1919 geborene Visionär widmete sein Leben der Schaffung einer harmonischen Mischung zwischen den Naturwundern der Insel und der gebauten Umwelt. Seine künstlerischen Kreationen, von den Jameos del Agua bis zum Jardín de Cactus, sind zu ikonischen Symbolen von Lanzarote geworden. Leider verstarb Manrique im Jahr 1992, aber seine Mission, die Identität Lanzarotes zu bewahren und seine Umwelt zu respektieren, lebt durch die César Manrique-Stiftung weiter.

Die Grundlage

Die César Manrique-Stiftung befindet sich in der kleinen Stadt Tahíche in der Gemeinde Teguise und ist sowohl ein Kulturzentrum als auch ein beliebtes Touristenziel. 20 Jahre lang, von 1968 bis 1988, war Tahíche Manriques Heimat und Operationsbasis. Die Stiftung selbst ist in einem bemerkenswerten, von Manrique entworfenen Wohnhaus untergebracht, ein Beweis für seine Fähigkeit, natürliche und von Menschenhand geschaffene Elemente nahtlos zu verschmelzen. Lokales Vulkangestein, lebendige Pflanzen und Holz werden in eine Struktur integriert, die auf raffinierte Weise ein Lavafeld nutzt, das bei Ausbrüchen im 18. Jahrhundert entstanden ist. Das Haus ist auf zwei Ebenen gebaut. Die obere Ebene spiegelt die traditionelle kanarische Architektur wider, mit strahlend weißen Wänden, grün getrimmten Fenstern und einem warmen Ziegeldach. Im Gegensatz dazu steht die untere Ebene, die direkt in das Lavagestein gehauen ist. Eine Reihe miteinander verbundener Räume und Tunnel schaffen einen faszinierenden unterirdischen Raum innerhalb der Wohnung.

Manriques künstlerischer Geist durchdringt dieses einzigartige Haus. Gemälde, Skulpturen und Objekte, die er im Laufe seines Lebens geschaffen hat, befinden sich neben Werken anderer renommierter Künstler, darunter Picasso, Miró und Tapies.

Erkundung der Stiftung

Die César-Manrique-Stiftung bietet Besuchern vielfältige Möglichkeiten, ganz in ihr Angebot einzutauchen:

- Das Vulkanhaus: Das Herzstück des Fundaments ist die Wohnung, die Manrique selbst auf dem Lavafeld erbaut hat. Bei einem Spaziergang durch das Volcano House erhalten Sie Einblicke in sein Privatleben und seinen künstlerischen Prozess. Das Wohnzimmer, das Esszimmer, die Küche, das Schlafzimmer und das Atelier bieten einzigartige Einblicke in die Seele des Künstlers. Manriques Arbeiten und Sammlungen werden Ihnen im ganzen Haus begegnen. Lassen Sie sich den Pool, den Grill und den üppigen Garten nicht entgehen – weitere Beispiele für die Integration der Natur in den Wohnraum. Das vielleicht atemberaubendste Merkmal ist ein

Panoramafenster, das einen atemberaubenden Blick auf die Lavalandschaft und das dahinter liegende Meer bietet.

- Die Kunstgalerie: Der Raum, der einst Manriques persönliches Atelier diente, wurde in eine Galerie mit seinen Gemälden umgewandelt. Hier finden Sie auch Werke anderer namhafter Künstler wie Luis Feito, Gerardo Rueda und Manuel Rivera. Die vielfältige Kollektion umfasst Stile von farbenfrohen Abstraktionen bis hin zu monochromen Figuren, von geometrisch bis organisch. Dank eines durchdacht platzierten Oberlichts durchflutet natürliches Licht den Raum.
- Der Skulpturengarten: Der Skulpturengarten umgibt das Vulkanhaus und zeigt eine Reihe von Werken von Manrique und seinen Zeitgenossen. Metall, Stein und Holz nehmen zu großen und kleinen, komplexen und einfachen, realistischen und abstrakten Skulpturen Gestalt an. Auch Künstler wie Eduardo Chillida, Martín Chirino und Eusebio Sempere sind hier vertreten. Ein Brunnen, ein Teich und das sanfte Drehen einer Windmühle sorgen für eine ruhige Atmosphäre im Garten.

- Die Bibliothek: Dieser spezielle Raum beherbergt eine beeindruckende Sammlung von mehr als 10.000 Bänden. Der Schwerpunkt liegt auf Werken mit Bezug zu Manrique, seiner Kunst und umfassenderen Themen wie Kunst, Kultur und Natur. Werke in verschiedenen Sprachen, von Spanisch bis Englisch, behandeln so unterschiedliche Themen wie Literatur, Geschichte, Wissenschaft und Philosophie. Die Bibliothek bietet sowohl einen Leseraum zur gemütlichen Durchsicht der Sammlung als auch einen Computerraum, in dem Besucher auf das digitale Archiv der Stiftung zugreifen können.

Die César-Manrique-Stiftung empfängt täglich Besucher und erhebt eine geringe Eintrittsgebühr. Über die Selbsterkundung hinaus bietet die Stiftung Führungen an und veranstaltet verschiedene Veranstaltungen wie Workshops, Konzerte und Konferenzen, die alle darauf abzielen, Manriques Vermächtnis zu feiern. Ein Besuch ist nicht vollständig, ohne im Geschäft vorbeizuschauen, wo Sie eine verlockende Auswahl an Souvenirs, Büchern und anderen Artikeln finden, die mit Manrique und seinem inspirierenden Werk in Verbindung stehen.

Famara Beach: Surfparadies

An der Nordwestküste Lanzarotes, in der Nähe der Stadt Caleta de Famara, liegt der Strand von Famara (auch bekannt als Playa de Famara). Mit seiner Weite aus goldenem Sand, kristallklarem türkisfarbenem Wasser und einer dramatischen Kulisse aus Klippen und Bergen zählt Famara stets zu den schönsten Stränden auf Lanzarote und in ganz Spanien. Aber für Surfer hat Famara einen besonderen Reiz – es ist ein unbestrittenes Paradies für diejenigen, die es lieben, auf den Wellen zu reiten. Der Strand ist Teil des Naturparks des Chinijo-Archipels und sorgt dafür, dass seine wilde Schönheit unberührt bleibt.

Warum Surfer nach Famara strömen

Famara Beach verfügt über eine einzigartige Kombination natürlicher Besonderheiten, die ihn zu einem Paradies für Surfer aller Könnensstufen machen. Die gleichmäßige

Dünung, der sandige Meeresboden und ein breiter, langer Uferbruch bieten den perfekten Spielplatz, um den Sport zu erlernen oder Ihre vorhandenen Fähigkeiten zu verbessern. Die Vielfalt der Wellen ist ein weiterer großer Anziehungspunkt. Abhängig von Faktoren wie Gezeiten, Wind und Jahreszeit finden Sie alles, von sanften Wellen, die sich perfekt für Anfänger eignen, bis hin zu kraftvollen Wellen, die selbst erfahrene Surfer herausfordern. Der Strand verfügt über eine ausgewiesene Surfzone, die deutlich mit Flaggen und Bojen gekennzeichnet ist. Dies stellt sicher, dass diejenigen, die sich auf das Wellenreiten konzentrieren, dies ungehindert tun können, ohne diejenigen zu behindern, die einfach nur schwimmen oder anderen Wasseraktivitäten nachgehen.

Die Infrastruktur von Famara untermauert seinen Ruf als Surfer-Mekka. Zahlreiche Surfschulen und Geschäfte sorgen dafür, dass Sie alles finden, was Sie brauchen, egal ob Sie ein Anfänger sind, der Unterricht und einen Ausrüstungsverleih benötigt, oder ein erfahrener Surfer, der fachkundige Beratung oder Ausrüstung zum Kauf sucht. Hier ist nur eine kleine Auswahl der etablierten

Unternehmen, die bereit sind, Ihre Surfbedürfnisse zu erfüllen:

- Famara Surf: Diese Kombination aus Surfschule und Shop richtet sich an alle, von denen, die ihre ersten vorsichtigen Schritte auf einem Brett machen, bis hin zu denen, die ihre Technik verbessern möchten. Erfahrene, qualifizierte Lehrer passen den Unterricht an Ihr individuelles Können an, um ein sicheres und angenehmes Erlebnis zu gewährleisten. Und natürlich bietet der Shop eine große Auswahl an Surfbrettern, Neoprenanzügen und Zubehör.
- Red Star Surf: Eine weitere ausgezeichnete Wahl. Der Schwerpunkt von Red Star Surf liegt auf der Bereitstellung einer einladenden und entspannten Atmosphäre für Surfer aller Niveaus. Ihre professionellen Lehrer können Sie zu den besten Pausen der Insel führen und Ihnen eine Anleitung bieten, die perfekt zu Ihrem Fortschritt passt. Red Star bietet auch Camps an, die ein umfassendes Surferlebnis bieten. Wie die meisten in der Region gibt es auch dort ein Geschäft mit Surfbrettern, Kleidung und Souvenirs.

- Lanzasurf: Die leidenschaftlichen Lehrer bei Lanzasurf sind zertifiziert und engagieren sich für die Schaffung einer unterstützenden Lernumgebung. Sie bieten Kurse und Retreats an und haben sogar die Möglichkeit, ein Board auszuleihen, sodass Sie verschiedene Boards ausprobieren können, um Ihr perfektes Board zu finden. Und für die nötigen Vorräte und lustigen Souvenirs sollten Sie unbedingt in ihrem Geschäft vorbeischauen.

Jenseits der Brandung

Obwohl Famara Beach den Titel eines Surfparadieses trägt, ist es alles andere als ein One-Trick-Pony. Es gibt viele Möglichkeiten, die Schönheit und Energie dieses besonderen Ortes zu erleben.

- Kitesurfen: Nutzen Sie die Kraft des Windes, der auch Surfer nach Famara lockt, indem Sie sich im Kitesurfen versuchen! Die stetige Brise schafft ideale Bedingungen für diesen aufregenden Sport. Stellen Sie sich vor, Sie schweben über den Wellen, meistern Sprünge und führen spannende Tricks vor – und genießen dabei die atemberaubende Aussicht auf den Strand und die Klippen.

Brauchen Sie Ausrüstung oder Unterricht? Mehrere etablierte Unternehmen kümmern sich um Kitesurfer, darunter die Famara Kite School, das Kite Center Lanzarote und Kite Surfing Lanzarote.

- Wandern: Entdecken Sie die wilde Schönheit von Famara und der umliegenden Landschaft zu Fuß. Der Strand selbst bietet kilometerlange Sandstrände für gemütliche Spaziergänge. Wer es etwas anspruchsvoller mag, klettert die Klippen hinauf und genießt den Panoramablick. Wenn Sie sich ins Landesinnere begeben, können Sie die umliegenden Dörfer erkunden und in die einzigartige Flora, Fauna und geologischen Wunder der Gegend eintauchen. Für diejenigen, die ein geführtes Erlebnis bevorzugen, bieten Optionen wie die Famara Cliff Hike, Famara Beach Hike oder Famara Sunset Hike eine Reihe von Routen, Schwierigkeitsgraden und die Möglichkeit, Kommentare von sachkundigen lokalen Führern zu erhalten.
- Paragliding: Für den ultimativen Adrenalinstoß und eine wirklich einzigartige Perspektive auf den Strand von Famara begeben Sie sich bei einem Paragliding-

Abenteuer in die Lüfte! Ganz gleich, ob Sie sich für einen Alleinflug entscheiden (Erfahrung erforderlich) oder sich für das Tandem-Erlebnis entscheiden, Sie werden die Freiheit spüren, über dem Strand, den Klippen und der umliegenden Landschaft zu schweben. Unternehmen wie Lanzarote Paragliding, Parapente Lanzarote und Paragliding Lanzarote sind bereit, Ausrüstung und Unterricht bereitzustellen oder einfach ein unvergessliches Flugerlebnis zu arrangieren.

Annehmlichkeiten für Besucher

Famara Beach ist bestrebt, sicherzustellen, dass Besucher alles haben, was sie für einen komfortablen und angenehmen Tag benötigen. Das Parken ist ein Kinderspiel, da sich sowohl am Strand als auch in der Stadt selbst mehrere kostenlose Parkplätze befinden. Denken Sie daran, dass an Wochenenden und Feiertagen in der Regel am meisten los ist. Kommen Sie also entweder früh an oder nutzen Sie die öffentlichen Verkehrsmittel, um den Menschenmassen auszuweichen. Duschen und saubere Toiletten finden Sie in der Nähe des Strandeingangs, innerhalb der ausgewiesenen Surfzone.

Sie sind von 10 bis 18 Uhr geöffnet und können kostenlos genutzt werden (bringen Sie einfach Ihr eigenes Handtuch und Ihre eigenen Toilettenartikel mit). Rettungsschwimmer und Sicherheitspersonal sind eine beruhigende Präsenz, insbesondere in den geschäftigsten Jahreszeiten und Tageszeiten. Sie bieten bei Bedarf zusätzliche Sicherheit, Erste Hilfe und Unterstützung. Und wenn es Zeit für eine Pause ist, ist Famara mit einer Vielzahl an Restaurants und Bars am Strand und in der Stadt genau das Richtige für Sie. Frische Meeresfrüchte, Pizza, Burger, Salate, erfrischende Getränke, Kaffee – Sie werden etwas finden, um Ihr Verlangen zu stillen. Lokale wie das Restaurante El Sol, das Restaurante El Risco und die Bar La Esquina sind beliebte Orte zum Auftanken und Entspannen, während Sie die Atmosphäre am Meer genießen.

Mirador del Río: Spektakulärer Aussichtspunkt

Auf dem Risco de Famara, einer dramatischen 500 Meter hohen Klippe an der Nordküste Lanzarotes, thront der spektakuläre Mirador del Río. Dieser bemerkenswerte

Aussichtspunkt, der dem brillanten Geist von César Manrique entsprang, ist ein Beweis für seine Fähigkeit, die bebaute Umgebung nahtlos mit der atemberaubenden Naturlandschaft seiner geliebten Insel zu verbinden. Die Gemeinde Haría, etwa 25 Kilometer von der Hauptstadt Arrecife entfernt, beherbergt dieses architektonische Juwel.

Die Geschichte des Mirador del Río begann in den frühen 1970er Jahren. Auf dem Gelände befand sich einst eine Militärbatterie aus dem 19. Jahrhundert, und es war dieses verlassene Gebäude, das Manrique auf geniale Weise umfunktionierte. Seine Arbeit nutzte lokales Vulkangestein, Pflanzen und Holz – Materialien, die zu Markenzeichen seiner architektonischen Kreationen werden sollten. Aber vielleicht am auffälligsten ist, wie er das Gebäude in die Klippenlandschaft integrierte und es so aus der Ferne fast unsichtbar machte. Diese Integration verkörpert Manriques tiefen Respekt vor der Landschaft Lanzarotes und seinen Wunsch, Strukturen zu schaffen, die die Natur ergänzen und nicht mit ihr konkurrieren.

Eine Aussicht wie keine andere

Worte können dem atemberaubenden Panorama, das die Besucher des Mirador del Río erwartet, kaum gerecht werden. Es wird oft als einer der spektakulärsten Ausblicke auf Lanzarote, wenn nicht sogar auf die gesamte Kanarische Inselkette, bezeichnet. Ihr Blick wird auf den Chinijo-Archipel gelenkt, eine Ansammlung kleiner Inseln, die als Naturpark geschützt sind. La Graciosa, die einzige bewohnte Insel des Archipels, ist die größte. Zu den anderen gehören Alegranza, Montaña Clara, Roque del Este und Roque del Oeste. Unten erstreckt sich der majestätische Risco de Famara mit seinen gestreiften Klippen, die eine Vielzahl von Farben und Texturen zeigen, entlang der Westküste Lanzarotes. Die schmale Wasserstraße El Río, die Lanzarote von La Graciosa trennt, gibt dem Aussichtspunkt selbst seinen Namen. Der Zauber erreicht hier seinen Höhepunkt bei Sonnenaufgang und Sonnenuntergang, wenn das Spiel von Licht und Schatten die Aussicht in eine lebendige Leinwand verwandelt.

Annehmlichkeiten, die Ihren Besuch bereichern

Beim Mirador del Río geht es nicht nur um die Aussicht. Es bietet eine Reihe durchdachter Annehmlichkeiten, um einen komfortablen und unvergesslichen Aufenthalt zu gewährleisten. Genießen Sie einen Snack, eine Mahlzeit oder ein erfrischendes Getränk in der Cafeteria, wo raumhohe Fenster einen atemberaubenden Blick auf das Meer und die Inseln bieten. Wenn das Wetter es zulässt, entscheiden Sie sich für die Terrasse, wo Sie die Sonne genießen und gleichzeitig die Klippen und Berge bewundern können. Die Cafeteria serviert eine Auswahl an Sandwiches, Salaten, Kuchen und Getränken wie Kaffee, Tee und Wein. Natürlich wäre kein Besuch ohne einen Besuch im Souvenirladen komplett. Postkarten, Magnete, Schlüsselanhänger, T-Shirts, Tassen und Bücher rund um den Mirador del Río und César Manrique können erworben werden. Der Laden verfügt sogar über eine Sonderausstellung mit Manriques künstlerischen Werken, darunter Gemälde, Skulpturen und Poster. In der Nähe des Eingangs zum Aussichtspunkt stehen ausreichend Parkplätze zur Verfügung, und glücklicherweise fallen für das Parken keine Gebühren an.

Beachten Sie, dass es an Wochenenden und Feiertagen sehr voll sein kann. Daher ist es ratsam, an diesen Tagen früh anzureisen oder die öffentlichen Verkehrsmittel zu nutzen.

Der Mirador del Río empfängt täglich Besucher und erhebt eine geringe Eintrittsgebühr. Sie veranstalten auch eine Vielzahl von Aktivitäten und Veranstaltungen, von Führungen, die sich mit Manriques Werk befassen, bis hin zu Konzerten und Ausstellungen. All dies dient dazu, das Erbe dieses bemerkenswert talentierten Künstlers weiter zu beleuchten. Für weitere Informationen oder um Ihre Tickets im Voraus zu buchen, besuchen Sie unbedingt die Website von Mirador del Río.

Kaktusgarten: Botanisches Wunder

Der Kaktusgarten, auch bekannt als Jardín de Cactus, war die letzte Schöpfung von Lanzarotes geliebtem und visionärem Künstler César Manrique. Dieser einzigartige Garten wurde Anfang der 1990er Jahre auf dem Gelände eines verlassenen Steinbruchs angelegt. Der Steinbruch lieferte vulkanischen Lapilli-Sand, der vor Ort als „Picón" oder „Rofe" bekannt ist und landwirtschaftlich genutzt wurde, um die Feuchtigkeit im Boden zu halten. Mit seinem charakteristischen Respekt für die Landschaft Lanzarotes stellte sich Manrique vor, diesen Industriestandort in einen Ort der Schönheit zu verwandeln und eine Hommage an eine Pflanze zu erweisen, die er zutiefst bewunderte: den Kaktus. Um sicherzustellen, dass der botanische Aspekt des Projekts mit größter Sorgfalt umgesetzt wurde, arbeitete Manrique bei der Auswahl und Anordnung der Pflanzen mit dem Botaniker Estanislao González Ferrer zusammen.

Design und Vielfalt

Der Kaktusgarten ist kreisförmig angelegt, misst 50 Meter im Durchmesser und ist 15 Meter tief. Dieser sorgfältig strukturierte Raum bietet Platz für unglaubliche 10.000 Kakteen! Die Pflanzen gehören zu beeindruckenden 450 Arten aus 13 verschiedenen Familien und stammen aus allen fünf Kontinenten. Der Garten ist auf mehreren Ebenen, Terrassen und Wegen angelegt und schafft so ein optisch ansprechendes und dynamisches Erlebnis. In der

Mitte des Gartens steht eine traditionelle Windmühle, die sorgfältig restauriert wurde und einen markanten Kontrast zu den umliegenden Kakteen und Vulkangesteinen bildet. Diese Windmühle ist eine Anspielung auf die Geschichte Lanzarotes. Es wurde einst zum Mahlen von Cochenille-Insekten verwendet, woraus ein wertvoller natürlicher Farbstoff hergestellt wurde. Dort finden Sie auch ein Wasserspiel – einen Brunnen, der diesem Fest der Natur ein weiteres strukturelles Element hinzufügt. Das Gesamtdesign des Gartens ist klar und minimalistisch und basiert stark auf den natürlichen Materialien Lanzarotes wie Vulkangestein, lokalen Pflanzen und Holz. Der künstlerische Touch von Manrique zeigt sich in Skulpturen, Gemälden und sorgfältig platzierter Beleuchtung, die der Atmosphäre des Gartens eine weitere Dimension verleihen.

Annehmlichkeiten, die Ihr Erlebnis verbessern

Der Kaktusgarten geht über die Pflanzen selbst hinaus und bietet Annehmlichkeiten, die einen Besuch sowohl angenehm als auch bequem machen. Machen Sie eine Pause zum Auftanken in der Cafeteria, wo Sie Snacks,

Mahlzeiten oder Getränke genießen und dabei den Blick auf den Garten und die umliegenden Cochenillefelder genießen können. Vom Boden bis zur Decke reichende Fenster und eine Außenterrasse bieten eine Auswahl an Aussichtspunkten. Selbstverständlich verfügt der Kaktusgarten über einen gut sortierten Souvenirladen. Stöbern Sie nach Postkarten, Magneten, T-Shirts und einer Vielzahl anderer Artikel, die sowohl den Garten als auch die Werke von César Manrique feiern. Der Laden zeigt auch eine Sammlung von Manriques Gemälden, Skulpturen und Postern. Das Parken im Garten ist praktisch und kostenlos. Allerdings kann es an Wochenenden und Feiertagen zu großen Menschenmengen kommen. Erwägen Sie daher eine frühe Anreise oder nutzen Sie die öffentlichen Verkehrsmittel.

Der Kaktusgarten empfängt täglich Besucher und erhebt einen angemessenen Eintrittspreis. Sie veranstalten auch Veranstaltungen wie Führungen, Konzerte und Ausstellungen – allesamt mit dem Ziel, mehr Menschen mit Manriques Erbe und Vision vertraut zu machen. Für weitere Informationen oder um Ihre Tickets im Voraus zu buchen, besuchen Sie die Website von Cactus Garden.

El Golfo: Grüne Lagune und schwarzer Sandstrand

Das malerische Fischerdorf El Golfo liegt an der Westküste Lanzarotes. Dieser Ort verdankt seine Existenz der vulkanischen Vergangenheit der Insel. Eine Reihe von Eruptionen zwischen 1730 und 1736 veränderte die Landschaft dramatisch, wobei fast ein Viertel von Lanzarote unter Asche, Gestein und neu entstandenen Lavaströmen begraben wurde. Dörfer und Ackerland gingen verloren und das Klima und die Vegetation der Insel erlebten einen dauerhaften Wandel. Der Name „El Golfo“ bezieht sich auf die Tatsache, dass der Lavastrom das Meer erreichte und eine Bucht oder einen Golf entlang der Küste formte. Und in dieser Bucht wurde El Golfos Wahrzeichen, die Grüne Lagune, geschaffen. Meerwasser drang in den Vulkankrater ein und im Laufe der Zeit führte seine Wechselwirkung mit den Mineralien zur Bildung dieses einzigartigen Sees. Es ist auch als Charco de los

Clicos bekannt – ein Name, der von einer Muschelart abgeleitet ist, die einst in der Lagune reichlich vorhanden war und deren Existenz durch ein Paar eingeführter Schildkröten auf tragische Weise unterbrochen wurde. Das letzte Teil dieses geologischen Puzzles ist der schwarze Sandstrand, ein Produkt der unerbittlichen Kräfte von Wind und Wasser, die das Vulkangestein erodieren.

El Golfo: Ein beliebtes Reiseziel

Verständlicherweise ist El Golfo ein großer Anziehungspunkt für Lanzarote-Besucher, denn jedes Jahr strömen Tausende in das Dorf. Folgendes können Sie erwarten:

- Die Grüne Lagune: Dieses faszinierende Naturmerkmal ist die Hauptattraktion von El Golfo und auf Fotos von Lanzarote sofort erkennbar. Ein kurzer, zweiminütiger Spaziergang vom Dorf aus führt Sie zur Lagune, die in einer kleinen Bucht liegt. Ein Holzzaun umgibt es und unterstreicht seinen Schutzstatus als Naturschutzgebiet. Um sicherzustellen, dass das empfindliche Ökosystem der

Lagune ungestört bleibt, ist das Schwimmen und sogar das Berühren des Wassers strengstens verboten. Aber ein ausgewiesener Aussichtspunkt bietet atemberaubende Ausblicke, bei denen das leuchtende Grün des Sees, das tiefe Schwarz des Sandes und das Azurblau des Ozeans in einer Symphonie der Farben aufeinandertreffen. Filmfans kennen die Lagune vielleicht, da sie 1966 im Film „One Million Years B.C.“ zu sehen war. mit Raquel Welch.

- Der schwarze Sandstrand: Die andere große Attraktion von El Golfo ist der einzigartige schwarze Sandstrand, einer der wenigen auf Lanzarote. Es liegt auf der gegenüberliegenden Seite der Grünen Lagune und ist über einen einfachen Feldweg erreichbar. Obwohl dieser Strand aufgrund der starken Wellen, der Strömung und des Fehlens von Rettungsschwimmern nicht zum Schwimmen geeignet ist, ist er ein wunderbarer Ort zum Spazierengehen, Sonnenbaden und einfach zum Genießen der atemberaubenden Aussicht auf die Klippen und das endlose Meer. Dort finden Sie auch einen natürlichen Pool – ein erfrischender Ort, um sich abzukühlen und vielleicht das von den Gezeiten gefangene Meeresleben zu beobachten.

- Restaurants und Bars: Nach der Erkundung der Naturwunder bietet El Golfo authentische kulinarische Erlebnisse mit frischesten Meeresfrüchten und lokalen Aromen. Das Dorf verfügt über mehrere Restaurants und Bars entlang der Küste, jedes mit seinem eigenen einladenden Ambiente. Probieren Sie köstliche Fischsuppe, perfekt gegrillten Fisch, Paella oder die kanarische Spezialität Sancocho Canario – einen herzhaften Eintopf aus Fisch, Kartoffeln und der traditionellen Mojo-Sauce. Keine Mahlzeit hier ist vollständig ohne ein Glas des unverwechselbaren Weins von Lanzarote, der aus der Malvasia-Traube hergestellt wird, die auf vulkanischem Boden gedeiht. Restaurante El Golfo, Restaurante Mar Azul und Bar La Piscina sind nur einige der Lokale, die bereit sind, Ihren Appetit zu stillen.

Outdoor-Aktivitäten

Wander- und Trekkingwege

Weißer Kessel

Eine der beliebtesten Wanderungen auf Lanzarote dreht sich um die Caldera Blanca. Dieser riesige Vulkankrater mit einem Durchmesser von 1,2 Kilometern und einer Tiefe von 200 Metern ist Teil des Timanfaya-Nationalparks und ein Zeugnis der Ausbrüche von 1730. Ihre Wanderung beginnt im Dorf Mancha Blanca. Von dort aus führt Sie eine Kombination aus unbefestigten Straßen und klaren Wegen durch eine von vulkanischen Kräften geformte Landschaft: Lavafelder, kleinere Kegel und zähe Pflanzen. Die Wanderung gilt aufgrund einiger steiler Abschnitte und lockerer Steine als mäßig anspruchsvoll, ist aber für die meisten Fitnessniveaus geeignet. Die rund 9,3 Kilometer lange Wanderung dauert etwa 3 Stunden. Die Belohnung für Ihre Bemühungen erhalten Sie, sobald Sie den Kraterrand erreichen. Die Panoramablicke sind einfach atemberaubend und umfassen benachbarte Vulkane, das glitzernde Meer und sogar die Insel La Graciosa.

Weg der Gracioseros

Wenn Ihre Vorstellung von der perfekten Wanderung eine große Herausforderung beinhaltet, die an einem einsamen Strand gipfelt, dann ist der Camino de los Gracioseros genau das Richtige für Sie. Beginnend im Dorf Yé begeben Sie sich auf einen steilen und schmalen Pfad, der von der Spitze des Risco de Famara – einer 500 Meter hohen Klippe – in das darunter liegende Tal führt. Eine gute körperliche Verfassung und solide Wanderfähigkeiten sind auf diesem Weg nicht zu vernachlässigen, und wer Höhenangst hat, sollte diesen Weg vielleicht auslassen. Die gesamte Wanderung umfasst etwa 6 Kilometer und dauert etwa 2 Stunden. Der Preis am Ende ist der Strand El Risco, ein unberührter Sandstreifen, der nur zu Fuß oder mit dem Boot erreichbar ist. Hier können Sie schwimmen, sich sonnen und einfach die ruhige Schönheit der Umgebung genießen. Sie werden auch mit Ausblicken auf den Chinijo-Archipel verwöhnt, einer Ansammlung kleiner Inseln, die den Status eines geschützten Naturparks haben.

Monte Corona

Für eine Mischung aus geologischem Interesse und atemberaubender Aussicht ist Monte Corona eine großartige Option. Dieser vor etwa 20.000 Jahren entstandene Vulkan ist 609 Meter hoch und damit der höchste Punkt Lanzarotes. Diese Wanderung beginnt ebenfalls in Yé und Sie folgen zunächst asphaltierten Straßen, die dann in Feldwege übergehen, während Sie durch Felder, Weinberge und Palmenhaine aufsteigen. Vom Schwierigkeitsgrad her gilt diese Wanderung als relativ einfach, mit einem sanften Gefälle und einem gut markierten Weg. Seien Sie auf Wind und möglicherweise kühle Temperaturen am Gipfel vorbereitet. Die 4,2 Kilometer lange Wanderung sollte nicht länger als eine Stunde dauern. Wenn Sie oben angekommen sind, werden Sie nicht nur mit dem Angeben belohnt, sondern auch mit einem 360-Grad-Panorama der gesamten Insel, des Ozeans und benachbarter Inseln wie La Graciosa, Alegranza und Montaña Clara.

Die Ajaches

Das Naturdenkmal Los Ajaches bietet eine atemberaubende Kulisse für eine Wanderung, die die wilde Schönheit des Südens Lanzarotes zeigt. Diese vulkanische Formation erstreckt sich über ein riesiges Gebiet und ist etwa 15 Millionen Jahre alt. Erwarten Sie abwechslungsreiches Gelände, während Sie Hügel, Täler und Klippen durchqueren und sogar auf einige Strände stoßen. Ausgangspunkt dieser Wanderung ist das Dorf Femés. Gepflasterte Wege und unbefestigte Straßen führen Sie zu Höhepunkten wie dem Barranco de la Higuera, dem Pico de la Aceituna und der Degollada de Carlos. Einige Abschnitte sind steil und steinig, was diese Wanderung mittelschwer macht. Die Strecke ist etwa 7 Kilometer lang und dauert etwa 2,5 Stunden. Bemühen Sie sich und Sie werden mit unglaublichen Ausblicken auf dic Küste, das Meer und die Inseln Fuerteventura und Lobos konfrontiert sein.

Fahrradrouten

La Graciosa: Ein Paradies für Radfahrer

Wenn ein Fahrradabenteuer, das eine Fahrt mit der Fähre und eine autofreie Insel beinhaltet, verlockend klingt, dann ist La Graciosa die richtige Route für Sie. Beginnen Sie im Dorf Orzola, von wo aus Fähren nach La Graciosa ablegen, der kleinsten und wohl bezauberndsten der Kanarischen Inseln. Es ist auch Teil des Naturparks Chinijo-Archipel. Die Fahrt mit der Fähre dauert nur 30 Minuten und die Hin- und Rückfahrt kostet rund 20 Euro. Sobald Sie La Graciosa erreicht haben, werden Sie feststellen, dass es ein Paradies für Radfahrer ist. Unbefestigte Straßen und Wege verbinden Dörfer, Strände und Aussichtspunkte. Sie werden weder auf asphaltierte Straßen noch auf Autoverkehr stoßen – nur gelegentliche Jeeps und viele andere Radfahrer. Das flache Gelände der Insel macht sie zu einer willkommenen Wahl für Radfahrer aller Leistungsstufen, darunter auch Familien. Die gesamte Strecke umfasst etwa 21 Kilometer und sollte etwa 2 Stunden dauern. Folgendes erwartet Sie unterwegs:

- Caleta del Sebo: Dies ist das wichtigste Dorf und der wichtigste Hafen der Insel. Hier finden Sie den Fährhafen und wichtige Dienstleistungen wie einen Supermarkt, eine Apotheke und ein Tourismusbüro. Entscheidend ist, dass Sie hier auch Fahrradverleihe finden! Rechnen Sie mit rund 10 Euro, um ein Fahrrad für einen Tag zu mieten. (Sie können gegen einen geringen Aufpreis Ihr eigenes auf der Fähre mitbringen.)
- Montaña del Mojón: Wenn Sie gerne klettern, sollten Sie diesen 188 Meter hohen Gipfel auf Ihre Reiseroute setzen. Es ist der höchste Punkt auf La Graciosa. Der Weg zum Gipfel ist steil und steinig, aber der Panoramablick auf die Insel und das Meer lohnt sich. Halten Sie Ausschau nach dem Leuchtturm, der Windmühle und dem Kreuz, die stolz an der Spitze stehen.
- Las Agujas: Dieses Trio kleiner Inseln direkt vor der Küste von La Graciosa liegt im geschützten Naturpark. Der beste Ort, um einen Blick auf sie zu werfen, ist der Playa de las Conchas, der als einer der schönsten und abgelegensten Strände von La Graciosa gilt. Die Kombination aus goldenem Sand, klarem türkisfarbenem

Wasser und der dramatischen Berg- und Klippenkulisse ist unvergesslich. Auch wenn der Strand zum Schwimmen, Schnorcheln oder Surfen einlädt, sollten Sie sich der starken Wellen und Strömungen bewusst sein.

Timanfaya-Nationalpark

Um einen Einblick in die vulkanischen Kräfte zu erhalten, die Lanzarote geformt haben, begeben Sie sich auf eine Radtour durch den Timanfaya-Nationalpark. Dieser einzigartige und faszinierende Park ist zweifellos einer der größten Anziehungspunkte der Insel. Beginnen Sie Ihr Abenteuer im Dorf Yaiza. Von dort aus folgen Sie einer Mischung aus asphaltierten Straßen und unbefestigten Wegen, während Sie Lavafelder durchqueren, an Vulkankegeln vorbei und an hartnäckiger Vegetation vorbei. Diese Route wird aufgrund einiger steiler Abschnitte und loser Steine als mäßig anspruchsvoll eingestuft, ist aber für die meisten Radfahrer mit einem angemessenen Fitnessniveau machbar. Für die rund 46 Kilometer lange Strecke müssen Sie etwa 3,5 Stunden auf dem Fahrrad einplanen. Zu den Sehenswürdigkeiten gehören:

- Monumento Natural de Montañas de Fuego: Dieses Naturdenkmal umfasst beeindruckende 24 Quadratkilometer und beherbergt über 100 Vulkane und Kegel. Entstanden durch Ausbrüche zwischen 1730 und 1736 ist es ein Ort, an dem die feurige Geburt der Insel offengelegt wird. Auffallend ist die Farbpalette, eine Mischung aus Schwarz, Rot, Braun, Gelb und Grün. Vielleicht noch überraschender ist die unglaublich hohe Temperatur direkt unter der Oberfläche. In einer Tiefe von nur 13 Metern kann der Boden glühende 600°C erreichen!

La Geria

Die Weinregion La Geria ist ein weiteres Beispiel dafür, wie die vulkanische Vergangenheit Lanzarotes ihre Gegenwart geprägt hat. Mit einer Fläche von 52 Quadratkilometern ist es eine der markantesten und symbolträchtigsten Landschaften der Insel. Hier wurde die Notwendigkeit zur Mutter der Erfindung und eine einzigartige Methode des Weinbaus war geboren. Einzelne Reben werden in Löcher gepflanzt, die direkt in den Vulkanboden gegraben werden, und dann mit

Vulkansand namens Picón bedeckt. Diese Picón-Schicht ist von entscheidender Bedeutung, da sie dazu beiträgt, wertvolle Feuchtigkeit zu speichern und die Trauben vor der unerbittlichen Sonne und dem Wind zu schützen. Steinmauern, sogenannte „Zocos“, umgeben jedes Loch und bieten eine weitere Schutzschicht. Die Region produziert hochwertigen Wein aus der Malvasia-Traube, die auf dem fruchtbaren Vulkanboden gedeiht. In der Region gibt es mehrere Weingüter, die Besucher willkommen heißen. Machen Sie einen Rundgang, um den Produktionsprozess zu sehen, die Weinberge zu erkunden und natürlich die Weine zu probieren.

Aussichtspunkt am Fluss

Wenn Sie ein erfahrener Radfahrer sind, der Herausforderungen liebt, testen Sie Ihr Können auf der Route zum Mirador del Río. Dieser spektakuläre Aussichtspunkt liegt auf dem Risco de Famara, einer dramatischen 500 Meter hohen Klippe an der Nordküste Lanzarotes. Ihre Reise beginnt im Dorf Orzola. Eine Mischung aus asphaltierten und unbefestigten Straßen führt Sie an Feldern, Weinbergen und Palmenhainen vorbei. Mit steilen Anstiegen und Abschnitten, die sich am besten für Personen mit guten Radfahrkenntnissen eignen, ist diese Route nichts für schwache Nerven. Wer durchhält, wird mit atemberaubenden Panoramen auf das Chinijo-Archipel und den Risco de Famara selbst belohnt. Der Aussichtspunkt, ein weiteres Meisterwerk von Lanzarotes geliebtem César Manrique, wurde an der Stelle einer Militärbatterie aus dem 19. Jahrhundert errichtet. Wie immer verwendete Manrique natürliche Materialien, die sich nahtlos in die Umgebung einfügen. Vom Mirador del Río aus kann man das Chinijo-Archipel, einen geschützten Naturpark, in seiner ganzen Pracht sehen. Die größte und einzige bewohnte Insel ist La Graciosa. Alegranza, Montaña Clara, Roque del Este und Roque del Oeste vervollständigen den Archipel. Verpassen Sie nicht die Cafeteria, in der Sie neue Kraft tanken können, während Sie die Aussicht genießen, oder den Souvenirladen, in dem Sie eine Erinnerung an Ihren Radsieg erhalten.

Monte Corona

Der Monte Corona ist der höchste Punkt Lanzarotes und erhebt sich 609 Meter über die Landschaft. Dieser Vulkan wurde nicht gestern geboren; Es entstand während eines Ausbruchs vor etwa 20.000 Jahren. Derselbe Ausbruch war für die Entstehung einer beeindruckenden 6 Kilometer langen Lavaröhre verantwortlich, die als Tunnel von Atlantis bekannt ist. In diesem unterirdischen Wunder finden Sie versteckte Höhlen und sogar Seen. Auch der Monte Corona verfügt über einen Krater von beachtlicher Größe – etwa 250 Meter im Durchmesser und 80 Meter tief. Wenn Sie der abenteuerlustige Typ sind, schnüren Sie Ihre Wanderschuhe und bereiten Sie sich auf die Besteigung des Monte Corona vor! Der Weg zum Gipfel ist steil und steinig, aber der Panoramablick ist die Mühe absolut wert. Stellen Sie sich vor, Sie stehen oben und betrachten ganz Lanzarote, das schimmernde Meer und benachbarte Inseln wie La Graciosa, Alegranza und Montaña Clara. Und halten Sie Ausschau nach dem Leuchtturm, der Windmühle und dem Kreuz, die ebenfalls den Gipfel markieren.

Playa la Caleta: Glückselige Strandentspannung

Manchmal sind die besten Erlebnisse die einfachsten, und Playa la Caleta ist ein perfektes Beispiel dafür. Dieser abgeschiedene Abschnitt mit goldenem Sand liegt an der Ostküste Lanzarotes, versteckt in der Nähe des Dorfes Arrieta. Stellen Sie sich vor, wie Sie Ihre Zehen in den Sand stecken und auf das klare, azurblaue Meer blicken. Die Atmosphäre hier ist unbestreitbar ruhig – perfekt zum Schwimmen, Sonnenbaden oder einfach, um die Sorgen der Welt hinter sich zu lassen. Wenn Sie sich aktiver fühlen, ist Playa la Caleta auch für seine hervorragenden Bedingungen zum Surfen, Kitesurfen und Schnorcheln bekannt. Wer mit den Kleinen reist, wird den Spielplatz zu schätzen wissen und die Promenade ist ein schöner Ort für einen gemütlichen Spaziergang, während man die Atmosphäre am Meer genießt.

Wassersport

Surfen: Wellen im Paradies fangen

Lanzarote ist der Traum eines jeden Surfers, mit einer Vielzahl von Pausen für jedes Könnensniveau. Stellen Sie sich den Nervenkitzel vor, auf den Wellen zu reiten, den Adrenalinstoß zu spüren und an der Perfektionierung Ihrer Technik zu arbeiten – und das alles umgeben von atemberaubenden Ausblicken auf die Küste und den Vulkan. Zahlreiche Surfschulen und Shops auf der ganzen Insel stehen bereit, um Ihnen den Einstieg oder das Erreichen des nächsten Levels zu erleichtern. Unternehmen wie Lava Flow Surf, Mojo Surf und Pro Center Antxon Otaegui bieten Ausrüstungsverleih, Unterricht und sogar geführte Touren an. Hier sind einige der beliebtesten Surfspots auf Lanzarote:

- Strand von Famara: Dieser berühmte Surfstrand liegt an der Nordwestküste der Insel in der Nähe der Stadt Caleta de Famara und ist Teil des Naturparks Chinijo-Archipel. Der weitläufige Sandstrand, das klare Wasser und die moderaten Wellen machen ihn ideal für Einsteiger in diesen Sport. Aber lassen Sie sich nicht täuschen – Famara bietet eine Reihe von Pausen, von sanften Wellen bis hin zu kraftvollen Wellen, die für erfahrenere Surfer geeignet sind. Die ausgewiesene Surfzone sorgt dafür, dass jeder das Wasser sicher genießen kann.

- La Santa: Dieses Surfer-Mekka an der Westküste in der Nähe des Dorfes La Santa blickt auf den mächtigen Atlantischen Ozean. Es verfügt über zwei weltberühmte Wellen – El Quemao und La Derecha. Diese kraftvollen, schnell brechenden Wellen sind ausschließlich für erfahrene, sogar professionelle Surfer geeignet. Das flache Riff, über das sie brechen, erfordert Respekt, aber wer die Fähigkeiten hat, es zu bewältigen, wird ein unvergessliches Erlebnis erleben.
- Playa de las Cucharas: Dieser Strand liegt im Ferienort Costa Teguise an der Ostküste Lanzarotes und ist für seine zuverlässigen Passatwinde bekannt, die perfekte Bedingungen zum Windsurfen und Kitesurfen schaffen. Aber Playa de las Cucharas hat auch eine regelmäßige, unterhaltsame Welle, die sich an Surfer aller Niveaus richtet, insbesondere an diejenigen, die diesen Sport noch nicht kennen. Eine betonnte Brandungszone hält Surfer und Schwimmer sicher voneinander getrennt.

Tauchen

Wenn die Welt unter den Wellen nach Ihnen ruft, sind Sie auf Lanzarote genau richtig! Das klare, warme Wasser der Insel ist voller vielfältiger Meereslebewesen und faszinierender Vulkanformationen. Bereiten Sie sich darauf vor, farbenfrohe Fische, farbenfrohe Korallenriffe, geheimnisvolle Höhlen und Tunnel und sogar Schiffswracks zu entdecken – einige davon natürlich, andere absichtlich platziert, um künstliche Riffe zu schaffen. Ein besonders einzigartiger Tauchgang führt Sie in ein Unterwassermuseum! Unternehmen wie Lanzarote Non Stop Divers, Aquasport Diving und Pura Vida Diving sind bereit, Ausrüstung, Unterricht und geführte Ausflüge bereitzustellen, die Ihrem Erfahrungsniveau entsprechen. Hier ist ein Blick auf einen der besten Tauchplätze auf Lanzarote:

- Playa Chica: Dieses Tauchparadies liegt im Ferienort Puerto del Carmen an der Südostküste der Insel, verkehrsgünstig in der Nähe des Flughafens gelegen. Sein ruhiges, flaches Wasser beherbergt eine Vielzahl von Orten, die es zu erkunden gilt, und macht es ideal für jeden, vom Anfänger bis zum erfahrenen Taucher. Erwarten Sie eine bemerkenswerte Konzentration an Meereslebewesen, darunter Engelhaie, Rochen, Kraken, Muränen, Seepferdchen und Tintenfische. Mehrere künstliche Riffe, darunter die Wracks eines Schleppers und eines Fischereischiffs, tragen zur Vielfalt bei und bieten noch mehr Meeresbewohnern Schutz.

Museo Atlántico: Ein versunkenes Meisterwerk

Das Museo Atlántico, im Süden in der Nähe des Playa Blanca Resorts gelegen, ist anders als jedes andere Taucherlebnis. Dieses Unterwassermuseum ist die Idee des britischen Künstlers Jason deCaires Taylor, der für die Skulptur von über 300 menschlichen Figuren verantwortlich ist, die heute zwischen 12 und 15 Metern unter der Oberfläche ruhen. Die Figuren sind zu zum Nachdenken anregenden Szenen und Installationen arrangiert. Der Zweck des Museums geht über die Schaffung atemberaubender Bilder hinaus; Ziel ist es, das Bewusstsein für unsere Ozeane zu schärfen und den Respekt vor dem Leben im Meer zu wecken. Die Skulpturen fungieren auch als künstliches Riff und fördern das Wachstum und die Verbreitung verschiedener Meeresarten. Das Museo Atlántico ist nur mit dem Boot erreichbar und sowohl Taucher als auch Schnorchler können das Erlebnis mit der Unterstützung eines Führers genießen.

Die Jameos del Agua

Los Jameos del Agua liegt im Nordosten der Insel in der Nähe des Dorfes Arrieta und bietet ein Taucherlebnis, das von der vulkanischen Geschichte der Insel geprägt ist. Dieses Naturwunder befindet sich im Tunnel von Atlantis, einer 6 Kilometer langen Lavaröhre, die durch Ausbrüche des Corona-Vulkans entstanden ist. Innerhalb dieser Röhre befinden sich zahlreiche Höhlen und unterirdische Seen, die durch ein Tunnelnetz miteinander verbunden sind. Der bekannteste ist der Jameo del Agua mit seinem faszinierenden türkisfarbenen Salzwassersee. Noch faszinierender sind die Bewohner des Sees: eine endemische und einzigartige Art von Langusten, bekannt als Jameito. Diese kleinen, weißen und blinden Krebstiere kommen nur in diesem See und an einigen anderen isolierten Stellen innerhalb der Lavaröhre vor. Aufgrund ihrer empfindlichen Natur sind sie gesetzlich geschützt und aufgrund des fragilen Ökosystems ist dieser Tauchgang nur für erfahrene Taucher mit Sondergenehmigung in Begleitung eines Führers geeignet.

Parasailing: Über den Wellen schweben

Versuchen Sie sich im Parasailing, um einen aufregenden Blick auf Lanzarote aus der Vogelperspektive zu werfen! Spüren Sie den Adrenalinstoß, während Sie mühelos durch die Luft gleiten, gezogen von einem Boot. Genießen Sie die atemberaubende Vulkanlandschaft, die lebendige Küste und die endlosen Strände. Sie können alleine oder mit einem Partner Parasailing betreiben und die Höhe und Dauer des Fluges an Ihre Vorlieben anpassen. Unternehmen wie Paracraft Lanzarote, Watersports Lanzarote und Catlanza stehen bereit, um Ausrüstung, Unterricht und unvergessliche Flüge bereitzustellen. Hier sind einige der besten Orte auf Lanzarote zum Parasailing:

- Puerto del Carmen: Dieser lebhafte Ferienort an der Südostküste ist ein Zentrum für Parasailing. Die lebhafte

Promenade ist gesäumt von Geschäften, Restaurants und lebhaften Stränden mit goldenem Sand und klarem Wasser. Der Hafen ist Ihr Ausgangspunkt für Flüge über die weitläufige Bucht mit Panoramablick auf die Berge und die Küste. Erreichen Sie Höhen von bis zu 80 Metern, fliegen Sie bis zu 10 Minuten und schaffen Sie bleibende Erinnerungen mit Fotos oder Videos Ihres Abenteuers.

- Playa Blanca: Erleben Sie eine andere Seite von Lanzarote mit einem Parasailing-Flug von Playa Blanca aus. Dieses südliche Resort bietet eine ruhigere Atmosphäre mit weißen Sandstränden, einem malerischen Yachthafen und sogar einem Fischereihafen. Von hoch über dem Wasser genießen Sie atemberaubende Ausblicke auf die Inseln Fuerteventura und Lobos und erhaschen vielleicht sogar einen Blick auf die herrlichen Strände von Papagayo, die für ihren unberührten Zustand bekannt sind. Steigen Sie bis zu 100 Meter hoch, genießen Sie Flüge von bis zu 15 Minuten und halten Sie Ausschau nach Delfinen, Schildkröten und anderen Meereslebewesen, die Sie von Ihrem luftigen Aussichtspunkt aus sehen können.

Tauch- und Schnorchelplätze

Mädchenstrand

Playa Chica liegt an der Südostküste Lanzarotes im Ferienort Puerto del Carmen und ist ein Unterwasserwunderland. Aufgrund seiner günstigen Lage in der Nähe des Flughafens ist es eine leicht erreichbare Option. Das ruhige, flache Wasser rund um den kleinen Sandstrand bietet eine Vielzahl von Tauchplätzen, die sowohl für erfahrene Taucher als auch für diejenigen geeignet sind, die gerade erst mit ihrem Unterwasserabenteuer beginnen. Lassen Sie sich von der Fülle und Vielfalt des Meereslebens überraschen. Engelhaie, Rochen, Kraken, Muränen, Seepferdchen und Tintenfische sind nur einige der Lebewesen, denen Sie begegnen könnten. Playa Chica verfügt außerdem über mehrere künstliche Riffe, darunter ein Fischerboot und ein Schlepperwrack. Diese absichtlich platzierten Strukturen ziehen noch mehr Meereslebewesen an und verbessern das Taucherlebnis.

Atlantic Museum: Kunst trifft auf Naturschutz

Für einen ebenso zum Nachdenken anregenden wie wunderschönen Tauchgang begeben Sie sich zum Museo Atlántico vor der Südküste der Insel in der Nähe von Playa Blanca. Dieses Unterwassermuseum ist die Vision des britischen Künstlers Jason deCaires Taylor. Über 300 seiner menschlichen Figurenskulpturen ruhen in einer Tiefe von 12 bis 15 Metern und sind in eindrucksvollen Szenen angeordnet. Der Zweck des Museums geht jedoch über das rein Künstlerische hinaus. Es soll das Bewusstsein für die Bedeutung des Meeresschutzes schärfen und fungiert als künstliches Riff, das die Verbreitung verschiedener Meeresarten fördert. Das Museo Atlántico ist nur mit dem Boot erreichbar und sowohl Taucher als auch Schnorchler können mit Hilfe eines Führers in dieses einzigartige Erlebnis eintauchen.

Die Jameos del Agua

Ein wirklich besonderes Taucherlebnis erwartet Sie in Los Jameos del Agua, im Nordosten in der Nähe des Dorfes Arrieta. Dieser Standort liegt im Tunnel von Atlantis, einer 6 Kilometer langen Lavaröhre, die durch Ausbrüche des Corona-Vulkans entstanden ist. Innerhalb der Röhre können eine Reihe von Höhlen und unterirdischen Seen erkundet werden, die durch Tunnel miteinander verbunden sind. Am beeindruckendsten ist der Jameo del Agua, wo ein faszinierender Salzwassersee in einem türkisfarbenen Farbton schimmert. Noch faszinierender sind die Bewohner des Sees: der Jameito, eine einzigartige Art von Langusten. Diese kleinen, weißen und blinden Krebstiere kommen nur in diesem See und an einigen anderen isolierten Stellen innerhalb der Lavaröhre vor. Aufgrund der empfindlichen Natur dieses Ökosystems ist das Tauchen hier erfahrenen Tauchern vorbehalten, die sich eine Sondergenehmigung gesichert haben und von einem Führer begleitet werden.

Veril von Playa Chica

Das Veril de Playa Chica liegt an der Südostküste Lanzarotes und gilt als das beste Schnorchel- und Tauchziel der Insel. Eine sandige Plattform, bekannt als „Veril von Playa Chica“, schafft ausgedehnte flache Bereiche, die sich perfekt für Schnorchelanfänger eignen. Die Tiefe in Küstennähe beträgt durchschnittlich etwa 10

Meter, wobei das kristallklare, ruhige Wasser eine hervorragende Sicht gewährleistet. Das Vorhandensein von Wellenschutzbarrieren trägt zur Ruhe bei. Diese geschützte Umgebung ist ein Zufluchtsort für Meereslebewesen. Erwarten Sie die Begegnung mit farbenfrohen Krebstieren, Tintenfischen, Tintenfischen und vielleicht sogar einem Hai. Gehen Sie auf die festgemachten Boote zu und vielleicht werden Sie mit dem Anblick von Seepferdchen belohnt, die zwischen den Seilen liegen.

Playa Flamingo

Playa Flamingo liegt im südlichen Ferienort Playa Blanca und ist ein 250 Meter langer Strandabschnitt, der von Wellenbrechern geschützt wird. Diese Barrieren schaffen eine ruhige Oase und machen es zu einem perfekten Ort für Schnorchler aller Niveaus, sogar für kleine Kinder. Innerhalb der Wellenbrecher können Sie zahlreiche Fische beobachten. Aber das wahre Abenteuer liegt jenseits der Barriere, wo Ihre Wege auf Barrakudas, Thunfische oder sogar riesige Sardinenschwärme stoßen können.

Strand von Jablillo

An der Ostküste Lanzarotes, im Ferienort Costa Teguise, liegt Playa del Jablillo. Die geschützte künstliche Bucht bietet ruhiges, sicheres Wasser und eignet sich perfekt für diejenigen, die gerade erst mit ihrem Schnorchelabenteuer beginnen. Lassen Sie sich von den farbenfrohen Fischschwärmen, darunter Traumfische, Brassen, Seebrasse und kleine Riffbarsche, verzaubern. Exotische Lippfische sorgen mit ihren leuchtenden Farbtönen für ein visuelles Fest. Sogar Seespinnen, Flundern und Stachelrochen sind in dieser geschützten Bucht zu Hause.

Kamelreiten und Jeep-Safaris

Kamelreiten sind eng mit der Geschichte Lanzarotes verbunden. Diese robusten Tiere waren jahrhundertelang unverzichtbar für den Transport und die Arbeit auf der Insel. Heute bieten sie Besuchern die Möglichkeit, in die Vergangenheit einzutauchen und gleichzeitig die natürliche Schönheit der Insel zu erkunden. Stellen Sie sich vor, Sie schwingen sich sanft auf einem Kamel, während Sie Pfade durchqueren, die bezaubernde Dörfer, unberührte Strände und beeindruckende Vulkane verbinden. Die vielfältige Flora, Fauna und geologischen Wunder Lanzarotes werden Sie unterwegs begleiten. Unternehmen wie Camel Safari Park, Lanzarote Camel Ride und Lanzarote Experience Tours helfen Ihnen gerne bei der Planung eines unvergesslichen Kamelabenteuers. Hier sind einige der besten Orte auf Lanzarote für Kamelritte:

- Timanfaya-Nationalpark: Dieser Park ist unbestreitbar die Hauptattraktion Lanzarotes, ein Ort, an dem die rohe Kraft der vulkanischen Kräfte offengelegt wird. Mit einer Fläche von 51 Quadratkilometern ist er Spaniens einziger vollständig geologischer Nationalpark. Lavafelder in alle Richtungen, Krater, Calderas, sogar Geysire – es ist eine Landschaft wie keine andere. Ein Besucherzentrum bietet Informationen über den Park und es gibt sogar ein Restaurant, in dem die Köche die Hitze des Vulkans zum Kochen nutzen! Wählen Sie aus verschiedenen Möglichkeiten, Timanfaya zu erkunden, darunter eine geführte Bustour, der Tremensana-Pfad für diejenigen, die

die Gegend lieber zu Fuß erkunden, oder ein traditioneller Kamelritt.

- La Geria: Lanzarotes unverwechselbare Weinregion erstreckt sich über beeindruckende 52 Quadratkilometer. Der Einfallsreichtum der Inselbewohner zeigt sich in der einzigartigen Art und Weise, wie hier Weintrauben angebaut werden. Einzelne Reben werden in Löcher gepflanzt, die direkt in den Vulkanboden gegraben werden, und dann mit Vulkansand namens Picón bedeckt. Diese Schicht ist lebenswichtig, denn sie hilft den Reben, Feuchtigkeit zu speichern und bietet Schutz vor Witterungseinflüssen. Steinmauern, sogenannte „Zocos", bieten zusätzlichen Schutz. Die hier angebauten Trauben, vor allem die Sorte Malvasia, ergeben hochwertige Weine. Bei einem Kamelritt durch La Geria können Sie diese besondere Landschaft erleben und gleichzeitig etwas über die Weinbaugeschichte der Insel und ihre Verbindung zu Kamelen erfahren.
- La Graciosa: Dieses kleine Juwel, das kleinste der Kanarischen Inseln, ist auch Teil des geschützten Naturparks Chinijo-Archipel. Da es keine asphaltierten

Straßen gibt und der Transport nur mit Fahrrädern und Jeeps möglich ist, sind die 29 Quadratkilometer eine Oase der Ruhe. Sanfte Hügel, Klippen und flaches, sandiges Gelände machen es perfekt für Erkundungen auf dem Kamelrücken. La Graciosa bietet charmante Dörfer, unberührte Strände und malerische Ausblicke. Besuchen Sie das Museum der Insel, um einen Einblick in ihre Vergangenheit zu erhalten, einschließlich ihrer Verbindungen zu Kamelen.

Jeep-Safaris

Für diejenigen, die etwas mehr Geschwindigkeit und die Möglichkeit, noch mehr Gelände zurückzulegen, bevorzugen, sind Jeep-Safaris eine weitere hervorragende Möglichkeit, die wilde Schönheit Lanzarotes zu entdecken. Dank ihrer Vielseitigkeit können Sie Orte erreichen, die für viele andere Fahrzeuge unzugänglich sind. Stellen Sie sich vor, versteckte Buchten zu erkunden, Vulkanlandschaften zu durchqueren und Panoramablicke zu genießen, die nur wenige Besucher zu sehen bekommen. Es hat unbestreitbar etwas Berauschendes, über unbefestigte Straßen inmitten einer dramatischen

Landschaft zu hüpfen. Viele Reiseveranstalter bieten geführte Jeep-Safaris rund um die Insel an und bieten alles, was Sie für einen Tag voller sicherer und abenteuerlicher Erkundungen benötigen.

- Naturdenkmal Los Ajaches: Entdecken Sie diese beeindruckende Vulkanformation, die die südliche Region Lanzarotes dominiert. Die etwa 15 Millionen Jahre alte Landschaft umfasst eine unglaubliche Vielfalt an Gelände: Hügel, Täler, hohe Klippen und sogar Strände. Die vielfältigen Bedingungen haben dazu geführt, dass ein einzigartiges Ökosystem gedeihen konnte. Halten Sie also Ausschau nach einheimischen Eidechsen, Kaninchen, Vögeln und faszinierenden Pflanzenarten. Stellen Sie sich vor, Sie fahren mit Ihrem Jeep über Feldwege, genießen atemberaubende Ausblicke auf die Küste und erkunden einige der berühmtesten Strände der Gegend. Playa de Papagayo, Playa de las Mujeres, Playa del Pozo und Playa de la Cera sind nur einige der vielen möglichen Stopps auf Ihrem Jeep-Abenteuer.

- Mirador del Río: Bereiten Sie sich auf atemberaubende Ausblicke von diesem Aussichtspunkt an der Nordküste Lanzarotes vor. Blicken Sie über das Chinijo-Archipel und den Risco de Famara – eine 500 Meter hohe Klippe, die dramatisch in den Atlantik abfällt. Wie viele Sehenswürdigkeiten auf Lanzarote trägt auch der Mirador del Río den unverwechselbaren Touch von César Manrique. Diese ehemalige Militärbatterie wurde Anfang der 1970er Jahre auf raffinierte Weise in einen atemberaubenden Aussichtspunkt umgewandelt. Durch die Verwendung von lokalem Vulkangestein und einheimischen Pflanzen sowie durch die nahtlose Integration der Struktur in die Umgebung hat Manrique einen harmonischen Raum geschaffen, der die atemberaubende natürliche Umgebung würdigt. Ihre Jeep-Safari kann Sie über eine Mischung aus asphaltierten Straßen und unbefestigten Wegen zum Mirador del Río führen. Genießen Sie von diesem Aussichtspunkt aus den Panoramablick und erkunden Sie vielleicht einige nahegelegene Sehenswürdigkeiten wie die Cueva de los Verdes, Jameos del Agua oder den Jardín de Cactus.

- Caldera Blanca: Begeben Sie sich auf eine Kombination aus Jeep-Safari und Wanderabenteuer, die Sie zum Rand der Caldera Blanca führt, einem der beeindruckendsten Vulkankrater Lanzarotes. Dieser riesige Krater mit einem Durchmesser von 1,2 Kilometern und einer Tiefe von 200 Metern ist das Ergebnis von Eruptionen im Jahr 1730 und liegt heute im Timanfaya-Nationalpark. Ihr Jeep bringt Sie zum Ausgangspunkt der Wanderung, der günstig in der Nähe des Dorfes Mancha Blanca liegt. Von dort aus folgen Sie dem gut markierten Weg, der sich durch Lavafelder und vorbei an kleineren Vulkankegeln schlängelt. Erwarten Sie einige steile Abschnitte und lose Steine, aber die meisten einigermaßen fitten Wanderer werden die Herausforderung meistern können. Die Belohnung am Kraterrand ist die Mühe auf jeden Fall wert – atemberaubende Ausblicke auf die nahegelegenen Vulkane, das glitzernde Meer dahinter und sogar auf die Insel La Graciosa.

Kulturelle Erlebnisse

Museen und Kunstgalerien

César-Manrique-Stiftung

Dies ist zweifellos eines der bedeutendsten Museen auf Lanzarote und ein Muss für jeden, der sich für das Leben und Werk von César Manrique interessiert. Dieser brillante Künstler und Architekt hat auf Lanzarote unauslöschliche Spuren hinterlassen und das Museum bietet eine einzigartige Gelegenheit, seine Vision zu verstehen. Sein ehemaliges Haus und Atelier im Dorf Tahíche dienen heute als Museum. Manrique integrierte seine Kreation meisterhaft in das umgebende Lavafeld und verwischte so die Grenzen zwischen Kunst, Architektur und Natur. Das Gebäude besteht aus zwei unterschiedlichen Abschnitten. Die obere Ebene spiegelt traditionelle kanarische Architekturstile wider und beherbergt Kunstwerke von Manrique und anderen namhaften Künstlern. Der untere Teil ist vielleicht der faszinierendste – eine Reihe von Räumen und miteinander verbundenen Räumen, die in fünf Vulkanblasen eingebaut sind. Ein Garten, ein Pool, ein Brunnen und eine

Windmühle runden das Bild ab und schaffen einen harmonischen Raum, der die Kultur und Umwelt der Insel respektiert. Neben Manriques Gemälden, Zeichnungen, Keramiken und Wandgemälden zeigt das Museum auch seine persönlichen Gegenstände und bietet Einblicke in sein Leben über seine Kunst hinaus. Das Museum veranstaltet regelmäßig Führungen, Konzerte und Ausstellungen rund um sein Erbe.

Lagomar-Museum

Wenn Sie das Skurrile und Unerwartete schätzen, ist ein Besuch im Lagomar-Museum im Dorf Nazaret ein Muss. Dieses einzigartige Museum befindet sich in einem ehemaligen Steinbruch und war einst das Zuhause des berühmten Schauspielers Omar Sharif. Berichten zufolge verliebte er sich während Dreharbeiten auf Lanzarote in den 1970er Jahren Hals über Kopf in das Anwesen. Der weitläufige Komplex besteht aus Vulkangestein, einheimischen Pflanzen und Holz und weist ein labyrinthisches Layout auf. Erkunden Sie mehrere Ebenen, Terrassen und Wege – allesamt darauf ausgelegt, ein Gefühl des Entdeckens zu vermitteln. Eine restaurierte

Windmühle bildet einen markanten Blickfang und ein See bildet einen wunderschönen Kontrast zu den Felsen und der Vegetation. Skulpturen, Gemälde und sorgfältig platzierte Beleuchtung tragen zum künstlerischen Ambiente bei. Sharif-Fans werden es genießen, Film-Erinnerungsstücke wie Poster, Fotos und Kostüme sowie einige seiner persönlichen Gegenstände zu sehen. Machen Sie eine Pause in der Cafeteria, um die außergewöhnliche Atmosphäre zu genießen, oder stöbern Sie im Souvenirladen nach einem Andenken.

Für Literaturliebhaber bietet die Casa José Saramago einen faszinierenden Einblick in die Welt eines Nobelpreisträgers. Von 1993 bis zu seinem Tod im Jahr 2010 lebte Saramago im Dorf Tías, und das Museum ist in seinem ehemaligen Wohnhaus untergebracht. Dieses einfache, einladende Haus ist von einem Garten und einer Mauer umgeben und vermittelt ein Gefühl von Frieden und Ruhe, die er hier gefunden haben könnte. Die Mission des Museums besteht darin, das Haus so zu bewahren, wie Saramago es kannte, einschließlich seiner eigenen Besitztümer – seiner Möbel, Gemälde und anderen

Gegenstände. Aber das Herzstück des Raums ist zweifellos seine beeindruckende persönliche Bibliothek, die über 15.000 Bücher aus einem breiten Spektrum an Sprachen und Genres enthält. Das Arbeitszimmer, in dem er gefeierte Werke wie „Blindness", „The Cave" und „The Double" verfasste, ist noch immer so, wie er es verlassen hat. Um Ihren Besuch zu bereichern, können Sie den Audioguide des Museums nutzen oder an einer Führung teilnehmen. Diese bieten zusätzlichen Kontext und Details zu Saramagos Leben und Karriere und unterstreichen seine Verbindung zur Insel Lanzarote und ihren Menschen. Das Museum veranstaltet häufig Lesungen, Workshops und Konferenzen, die sich auf die Förderung der literarischen und menschlichen Ideale konzentrieren, die Saramago verkörperte.

Historische Stätten und archäologische Stätten

Schloss San Gabriel

Machen Sie eine Zeitreise ins 16. Jahrhundert und besuchen Sie dieses bedeutende historische Wahrzeichen. Das Castillo de San Gabriel wurde gebaut, um die Insel vor unerbittlichen Piratenangriffen zu schützen. Diese Festung befindet sich auf einer kleinen Insel, die durch einen Damm und eine Brücke mit der Stadt Arrecife verbunden ist. Die rechteckige Struktur der Burg verfügt über vier Bastionen, einen Wassergraben und eine Zugbrücke – alles für die Verteidigung konzipiert. Im Schloss beherbergt ein Museum informative Ausstellungen über die reiche Geschichte und Kultur Lanzarotes. Untersuchen Sie Waffen, Karten, historische Kleidung und historische Dokumente. Der vielleicht beste Teil eines Besuchs ist der Panoramablick, den die Burg bietet und der sowohl die Stadt als auch das glitzernde Meer dahinter umfasst.

Iron Man von Lanzarote

Diese markante Statue am Strand von Puerto del Carmen würdigt den 20. Jahrestag des Ironman-Triathlons der Insel. Mit einer Höhe von 2,5 Metern ist diese 600 Kilogramm schwere Eisenfigur ein Beweis für den Geist dieses anstrengenden Sportereignisses. Der Ironman-Triathlon, einer der prestigeträchtigsten und anspruchsvollsten der Welt, besteht aus 3,8 Kilometern

Schwimmen, einer 180 Kilometer langen Radtour und einem 42,2 Kilometer langen Laufen. Die Iron Man-Statue feiert die Verbindung zwischen den Athleten und Lanzarote und symbolisiert die Werte, die dem Wettbewerb innewohnen – Ausdauer, Beharrlichkeit und unerschütterliche Solidarität. Es liegt an der Promenade von Puerto del Carmen in der Nähe des Hotels Los Fariones und ist ein beliebter Fotospot für Einheimische und Besucher gleichermaßen. Eine Gedenktafel an der Basis listet die Gewinner des Ironman Lanzarote von 1992 bis 2010 auf.

La Molina – Gofio

Um einen Eindruck vom authentischen Lanzarote zu bekommen, besuchen Sie diese traditionelle Windmühle, die einst der Herstellung von Gofio gewidmet war. Diese im Dorf San Bartolomé gefundene Windmühle stammt aus dem 18. Jahrhundert. Gofio, ein Eckpfeiler der traditionellen kanarischen Küche, wird aus gerösteten Körnern wie Weizen, Gerste oder Mais hergestellt. Die charakteristische Form der Windmühle zeichnet sich durch ein konisches Dach und vier Holzflügel aus, die so gestaltet sind, dass sie sich mit dem Wind drehen. Ein Museum vor Ort beherbergt Originalgeräte und Werkzeuge zur Herstellung von Gofio und bietet Einblicke in die Geschichte dieses alten Lebensmittels. Führungen bieten die einmalige Gelegenheit, der Windmühle bei der Arbeit zuzusehen und verschiedene Gofio-Geschmacksrichtungen und -Rezepte zu probieren.

Kanarische Küche und Gastronomie

Typische Gerichte

- Papas arrugadas con mojo: Dieses Gericht ist ein Synonym für die Kanarischen Inseln und ein Hauptbestandteil der Restaurants auf Lanzarote. Kleine Kartoffeln werden ungeschält in stark gesalzenem Wasser gekocht, bis die Schale beim Verdunsten des Wassers Falten wirft. Diese werden mit Mojo serviert, einer würzigen Sauce, deren Grundzutaten Knoblauch, Öl, Essig, Salz und Gewürze sind. Mojo gibt es in zwei Hauptvarianten. Mojo Rojo (oder Picón) ist die würzige Variante, die ihren roten Farbton und den feurigen Kick durch Paprika und Chilischoten erhält. Mojo Verde ist tendenziell milder und basiert auf Petersilie und Koriander für seinen unverwechselbaren Geschmack. Sowohl Papas Arrugadas als auch Mojo passen perfekt zu Fisch, Fleisch oder Käse.

- Sancocho: Dieser herzhafte Eintopf besteht typischerweise aus gesalzenem Fisch wie Cherne (Wrackfisch) oder Corvina (Cracker). Der Fisch wird zusammen mit Kartoffeln, Süßkartoffeln und einer tief in der Geschichte der Region verwurzelten Zutat – Gofio – gekocht. Dieses geröstete Getreidemehl ist außergewöhnlich nährstoffreich und gehört seit der Zeit der Guanchen, den Ureinwohnern der Kanarischen Inseln, zu den Grundnahrungsmitteln. Vielseitig einsetzbares Gofio kann mit verschiedenen Flüssigkeiten zu einem Teig oder Getränk gemischt werden. Sancocho ist ein Gericht, das traditionell zu Ostern oder anderen besonderen Anlässen genossen wird und von Mojo und Salat begleitet wird.
- Ropa vieja: Der Name dieses sättigenden Gerichts bedeutet „alte Kleidung“ und bezieht sich darauf, dass das zerkleinerte Fleisch zerrissenen Lumpen ähnelt. Ropa

vieja kann aus Huhn, Rind oder Schweinefleisch zubereitet werden und wird mit Kichererbsen, Kartoffeln, Tomaten, Zwiebeln, Knoblauch und einer Gewürzmischung gekocht. Obwohl seine Wurzeln auf dem spanischen Festland liegen, wurde das Gericht geschickt angepasst, um kanarische Zutaten hervorzuheben. Ropa Vieja findet sich häufig auf Lanzarote-Speisekarten und wird typischerweise mit Brot, Reis oder Gofio serviert.

Typische Desserts

- Bienmesabe: Bereiten Sie Ihren Gaumen auf diesen süßen, cremigen Genuss vor! Der Name bedeutet „es schmeckt mir gut“ und ist eine treffende Beschreibung. Gemahlene Mandeln, Zucker, Eier, Zitronenschale und Zimt sind die Stars dieses Desserts. Die Ursprünge von Bienmesabe liegen in der arabischen Küche, auch wenn die Kanaren sie zu ihrer eigenen gemacht haben. Normalerweise wird es kalt in kleinen Portionen serviert und kann mit Eis, Schlagsahne oder einem Spritzer Honig serviert werden.

- Frangollo: Dieses einfache, aber wohltuende Dessert basiert auf Milch, Maismehl, Zucker, Butter, Eiern, Rosinen, Mandeln, Zitronenschale und Zimt. Es zeichnet sich durch eine dicke, samtige Textur und ein süßes, aromatisches Geschmacksprofil aus. Da Frangollo leicht zuzubereiten ist, finden Sie es sowohl zu Hause als auch in Restaurants. Je nach Jahreszeit kann es heiß oder kalt genossen werden. Achten Sie darauf, dass es in Schüsseln oder Tassen serviert wird, oft mit einer zusätzlichen Prise Zimt oder Zucker darüber.

Quesillo: Ein cremiger, puddingartiger Leckerbissen

Dieses glatte, saftige Dessert besteht aus Eiern, Kondensmilch, Kondensmilch, Zucker und Vanilleextrakt. Es weist einige Ähnlichkeiten mit Flan oder Vanillesoße auf, weist jedoch tendenziell eine dichtere, festere Konsistenz auf. Das Kochen im Wasserbad ist der Schlüssel zur Erzielung der charakteristischen Textur von Quesillo. Nach dem Abkühlen wird das Dessert normalerweise aus der Form genommen und mit Karamellsauce beträufelt. Als Beilage dienen manchmal Schlagsahne oder Obst. Quesillo ist ein Favorit auf Lanzarote und in Bäckereien und Supermärkten leicht erhältlich. Normalerweise wird es in Scheiben oder Spalten als Snack oder als sättigender Abschluss einer Mahlzeit serviert.

Typische Käsesorten und Weine

- Queso de Lanzarote: Ziegenmilch ist die Grundlage für diesen Käse, da die Insel über ein reichhaltiges Angebot an hochwertiger Milch verfügt. Der Käse kann weiß bis gelblich sein und eine weiche oder halbharte Konsistenz haben. Milde bis kräftige Geschmacksvariationen werden durch Unterschiede im Reifeprozess und der Art des verwendeten Labs erreicht. Queso de Lanzarote kann frisch, gepökelt oder sogar geräuchert sein und ist in verschiedenen Formen und Größen erhältlich. Der Status der geschützten Ursprungsbezeichnung gewährleistet seine Authentizität und Qualität. Einheimische genießen es auf viele Arten: als Vorspeise zu Brot, Mojo oder Honig oder in Salaten, Suppen oder Eintöpfen.

- Malvasía de Lanzarote: Die Malvasía-Traube, die am häufigsten angebaute Rebsorte auf Lanzarote, ist der Star dieses Weins. Achten Sie auf eine hellgelbe bis goldene Farbe und ein Bouquet, das sowohl fruchtig als auch blumig ist. Sie finden trockene und süße Versionen ganz nach Ihrem Geschmack. Malvasía de Lanzarote kann jung, gereift oder sogar prickelnd sein und weist unterschiedliche Alkoholgehalte auf. Wie der Käse verfügt er über den Status einer geschützten Ursprungsbezeichnung. Dieser Wein passt wunderbar zu einer Vorspeise mit Käse, Fisch oder Meeresfrüchten. Es ist auch eine schöne Ergänzung zu Desserts wie Gebäck, Obst oder Schokolade.

Traditionelle Feste und Veranstaltungen

- Karneval: Dieses inselweite Fest ist eines der am besten besuchten Feste auf Lanzarote und lockt riesige Menschenmengen an, die Paraden voller aufwendiger Festwagen, farbenfroher Kostüme, lebhafter Musik und fröhlicher Tänze verfolgen. Die Feierlichkeiten finden normalerweise im Februar oder März statt, wobei der genaue Zeitpunkt vom Kalenderjahr abhängt. Während jede Stadt ihr eigenes Flair und Thema mitbringt, finden einige der berühmtesten Karnevalsfeiern in Arrecife, Puerto del Carmen und Haria statt. Der Karneval endet mit der „Beerdigung der Sardine". Bei dieser skurrilen Zeremonie wird ein riesiges Sardinenbildnis in einem Lagerfeuer verbrannt, was das Ende der Feierlichkeiten darstellt und die Fastenzeit einläutet.

- Semana Santa (Karwoche): Lanzarote feiert die Woche vor Ostern mit feierlichen religiösen Prozessionen, die an das Leiden, den Tod und die Auferstehung Jesu Christi erinnern. Während der Semana Santa werden heilige Ikonen und religiöse Statuen durch die Straßen zahlreicher Dörfer und Städte getragen. Einige der beeindruckendsten Prozessionen können in Teguise, Yaiza und San Bartolomé beobachtet werden. Die Semana Santa ist auch eine Zeit, um die lokale Küche zu genießen, insbesondere die Fischgerichte und Torrijas – ein süßer, in Milch, Eiern und Honig getränkter Brotpudding.
- Día de la Cruz (Tag des Kreuzes): Der 3. Mai ist das Datum dieser Feier zu Ehren des Kreuzes als Symbol des

Glaubens und des Schutzes. Kreuze auf der ganzen Insel sind mit aufwendigen Verzierungen aus Blumen, Früchten und anderen Verzierungen geschmückt. Anschließend werden sie im öffentlichen Raum wie Straßen, Plätzen und Kirchen ausgestellt. Einige der aufwendigsten und lebendigsten Ausstellungen finden sich in Haria, Teguise und Tinajo. Traditionelle Volksmusik und Tänze, Spiele und Kunsthandwerk sind Teil der Feierlichkeiten zum Día de la Cruz.

- San Juan: San Juan feiert die Sommersonnenwende am 23. und 24. Juni. Dies ist eine Nacht voller Feuer, Magie und einem Hauch von Aberglauben. Freudenfeuer lodern hell, Menschen springen über die Flammen und äußern Wünsche. Wasser spielt ebenfalls eine wichtige Rolle, und manche glauben, dass ein Bad im Meer oder im Brunnen Gesundheit und Glück schenkt. Beliebte Orte, um das ganze Treiben in San Juan zu erleben, sind Arrieta, Haria und Teguise.
- Fiesta de Nuestra Señora de los Dolores (Unsere Liebe Frau der Schmerzen): Dieses Fest zu Ehren der Schutzpatronin Lanzarotes findet am 15. September statt.

Es ist eine Hommage an die Jungfrau der Vulkane, von der angenommen wird, dass sie sich während der Vulkanausbrüche in den 1730er Jahren für die Insel eingesetzt hat. Pilger aus allen Ecken von Lanzarote und darüber hinaus, oft in traditionellen Kostümen gekleidet, wandern zu Fuß zur Kirche in Mancha Blanca, wo das Bild der Jungfrau verehrt wird. Es werden Obst, Gemüse und sogar Tiere angeboten. Ein Handwerksmarkt, eine Viehschau und ein festliches Volksfest runden die Feierlichkeiten ab.

- Festival der Vulkanküchen: Diese gastronomische Veranstaltung beleuchtet die kulinarische Kreativität und das Erbe von Lanzarote. Es findet im Oktober statt und bietet lokalen Köchen, Produzenten und Winzern eine Plattform, um ihre Produkte und Gerichte durch Verkostungen, Workshops und Vorführungen vorzustellen. Neben dem kulinarischen Schwerpunkt erwarten Sie Live-Musik, Kunstausstellungen und kulturelle Aktivitäten. Der Timanfaya-Nationalpark dient als Hauptveranstaltungsort des Festivals, wo Köche sogar die vulkanische Hitze für Kochvorführungen nutzen!

Lokale Märkte und Kunsthandwerk

- Teguise-Markt: Dieser Markt gilt als der größte und bekannteste auf Lanzarote – vielleicht sogar in der gesamten Kanarischen Inselkette! Jeden Sonntag verwandelt sich das historische Zentrum von Teguise, der ehemaligen Hauptstadt der Insel, von 9:00 bis 14:00 Uhr in einen belebten Marktplatz. Erwarten Sie eine große Auswahl an Artikeln, darunter handgefertigte Souvenirs, Töpferwaren, Schmuck, Lederwaren, Kleidung, Lebensmittel und vieles mehr. Livemusik und Straßenkünstler sorgen für eine festliche Atmosphäre. Für eine Portion Lanzarote-Geschichte kombinieren Sie Ihren Marktbesuch mit einem Ausflug zum nahe gelegenen Castillo de Santa Bárbara, einer Festung aus dem 16. Jahrhundert mit einem Piratenmuseum.
- Haria-Markt: Wenn Sie auf der Suche nach einem authentischen, charmanten Markterlebnis sind, sollte der Haria-Markt auf Ihrer Liste stehen. Jeden Samstag von 10:00 bis 14:30 Uhr wird die Plaza León y Castillo in diesem malerischen, von Palmen umgebenen Dorf mit dem Markt zum Leben erweckt. Lokale Produkte gibt es

in Hülle und Fülle – Käse, Wein, Honig, jede Menge frisches Obst und Gemüse sowie köstliches Gebäck. Sie werden auch Kunsthandwerk wie Körbe, Stickereien, Keramik und Holzarbeiten entdecken. Tauchen Sie unbedingt in die traditionelle Kultur Lanzarotes ein, die durch Volksmusik, Tanz und Handwerksvorführungen präsentiert wird.

- Marina Rubicon Market: Für einen Markt mit modernem, stilvollem Flair besuchen Sie den Marina Rubicon Market in Playa Blanca, einem beliebten Ferienort. Dieser Markt ist jeden Mittwoch und Samstag von 10:00 bis 14:00 Uhr geöffnet und befindet sich im Puerto Deportivo Marina Rubicon. Kleidung, Accessoires, Schmuck, Parfüme, Kosmetika und Souvenirs sind reichlich vorhanden, und Sie werden wahrscheinlich auch einige lokale Kunsthandwerke und Kunstwerke finden. Die malerische Lage am Yachthafen bietet atemberaubende Ausblicke auf Boote, das glitzernde Meer und die Nachbarinseln Fuerteventura und Lobos.
- Uga-Markt: Entdecken Sie diesen kleinen und einladenden Markt im Dorf Uga, das in der Nähe des

Timanfaya-Nationalparks liegt. Samstags und sonntags von 9:00 bis 14:00 Uhr geöffnet. Hier erhalten Sie frische Bio-Produkte wie Käse, Fleisch, Eier, Brot, Marmelade und Saucen. Töpferwaren, Gemälde und Skulpturen stellen einige der Kunsthandwerke dar, die Sie finden können. Der Markt bietet auch eine ausgezeichnete Gelegenheit, die berühmten Kamele Lanzarotes zu sehen, die oft für Touren durch den nahegelegenen Vulkanpark eingesetzt werden.

- Mancha Blanca-Markt: Dieser ländliche Markt mit Schwerpunkt auf umweltfreundlichen Produkten findet in dem Dorf statt, in dem sich die Kirche Nuestra Señora de los Dolores (Schutzpatronin von Lanzarote) befindet. Jeden Sonntag von 9:00 bis 14:00 Uhr stöbern Einheimische und Besucher an Ständen voller lokaler und biologischer Produkte wie Käse, Fisch, Gebäck, Kräuter und Gewürze. Kerzen, Seife und Schmuck gehören zu den handgefertigten Waren, und es gibt sogar einen eigenen Bereich, der Lanzarotes kulinarische Tradition des Kochens mit vulkanischer Hitze präsentiert.

- Kunsthandwerksmarkt von Costa Teguise: Dieser einzigartige Markt bietet eine Mischung aus Kunst, lokaler Handwerkskunst und einer lebhaften Atmosphäre. Jeden Freitag von 18:00 bis 22:00 Uhr findet es auf der Plaza Pueblo Marinero im lebhaften Ferienort Costa Teguise statt. Erwarten Sie einzigartige Kreationen wie Gemälde, Skulpturen, Schmuck, Lederwaren und Textilien, die alle von talentierten lokalen Kunsthandwerkern hergestellt wurden. Live-Musik, Aufführungen und Ausstellungen tragen zur kulturellen und unkonventionellen Atmosphäre bei.

Praktische Information

Unterkunftsmöglichkeiten

Hotels

Der Luxus-Rückzugsort: Die Insel und das Meer, Boutique-Hotel

Wenn Sie sich nach den schönen Dingen des Lebens sehnen, ist das La Isla y el Mar Hotel Boutique in Puerto del Carmen Ihr Paradies. Dieses 5-Sterne-Juwel bietet tadellosen Service, elegantes Design und eine atemberaubende Aussicht. Entspannen Sie sich an den atemberaubenden Außenpools, gönnen Sie sich eine entspannende Behandlung im Spa oder trainieren Sie im Fitnesscenter. Nach einem erlebnisreichen Tag speisen Sie im exquisiten Restaurant, das köstliche Gerichte bietet, die Ihren Gaumen verwöhnen werden.

Ziehen Sie sich in Ihre luxuriöse, klimatisierte Suite mit eigenem Balkon oder Terrasse zurück – der perfekte Ort, um die faszinierende Aussicht zu genießen. Ihre Suite ist mit einer Minibar, einer Kaffeemaschine und einem Flachbildfernseher ausgestattet, sodass alle Ihre

Bedürfnisse für einen komfortablen Aufenthalt erfüllt werden. Mit einem Fahrradverleih, einer Autovermietung und einem Flughafen-Shuttleservice können Sie ganz einfach die Schätze von Lanzarote erkunden.

Die ländliche Flucht: Mozaga Homestead

Um den einzigartigen Charme, die Ruhe und die Authentizität Lanzarotes wirklich kennenzulernen, ist Caserío de Mozaga eine außergewöhnliche Wahl. Dieses 3-Sterne-Hotel liegt im malerischen Dorf Mozaga im Herzen der Insel, nur einen Steinwurf vom jenseitigen Timanfaya-Nationalpark und der malerischen Weinregion La Geria entfernt. Dieses Hotel ist in einem wunderschön restaurierten Bauernhaus aus dem 18. Jahrhundert untergebracht und strahlt Geschichte und Charakter aus.

Jedes Zimmer ist von rustikalem Charme durchdrungen; Denken Sie an freiliegende Holzbalken, warme Steinwände und sorgfältig ausgewählte antike Möbel. Lassen Sie sich nach einem erlebnisreichen Tag vom hoteleigenen Restaurant mit köstlichen, traditionellen kanarischen Aromen verwöhnen. Entspannen Sie sich anschließend bei einem Drink an der Bar, verlieren Sie sich in einem fesselnden Buch aus der Bibliothek oder genießen Sie einfach die ruhige Atmosphäre auf der bezaubernden Terrasse.

Haus der Blumen - Boutique Hotel Lanzarote

Das Casa de las Flores - Hotel Boutique Lanzarote liegt in der historischen Stadt Teguise und ist ein Paradies für Kunst- und Kulturliebhaber. Dieses 4-Sterne-Boutique-Hotel strotzt nur so vor Persönlichkeit. Eine Fülle von Blumen, farbenfrohen Gemälden, faszinierenden Skulpturen und unzähligen anderen künstlerischen Verzierungen schmücken den Raum und schaffen eine einzigartige und faszinierende Atmosphäre.

Betreten Sie Ihr stilvolles, modernes Zimmer, auf dem Sie ein privater Balkon erwartet, auf dem Sie Ihren Morgenkaffee genießen können. Eine Minibar, eine Kaffeemaschine und ein Smart-TV sorgen für einen komfortablen und vernetzten Aufenthalt. Nachdem Sie das lebendige Ambiente des Hotels genossen haben, genießen Sie eine köstliche Mahlzeit im Restaurant oder entspannen Sie bei einem Getränk an der Bar. Genießen Sie die friedliche Atmosphäre, während Sie durch den malerischen Garten schlendern und auf der einladenden Terrasse entspannen.

Landhotel Finca de La Florida

Für ein wirklich einzigartiges Erlebnis bietet das Hotel Rural Finca de La Florida in der Nähe von San Bartolomé einen unvergesslichen Aufenthalt voller Geschichte und umgeben von natürlicher Schönheit. Dieses 3-Sterne-Hotel liegt direkt in der Nähe der berühmten César-Manrique-Stiftung und des bewegenden Campesino-Denkmals in einem wunderschön umgebauten ehemaligen Weingut. Die traditionelle kanarische Architektur mit ihren makellos weißen Wänden und leuchtend grünen Fenstern versetzt Sie sofort in eine andere Zeit.

Zimmer im klassischen Stil mit eigenem Balkon, Minibar und Sat-TV bieten eine komfortable Erholung nach erlebnisreichen Tagen. Wenn Sie nicht gerade in der Sonne sind, nehmen Sie ein erfrischendes Bad im

Hotelpool, trainieren Sie im Fitnesscenter oder entspannen Sie in der erholsamen Sauna. Minigolf und ein verlockendes Restaurant ergänzen die Liste der angenehmen Annehmlichkeiten. Und wenn Sie abenteuerlustig sind, bietet das Hotel eine Reihe von Aktivitäten wie Wandern, Radfahren und sogar Reiten – die perfekte Möglichkeit, die atemberaubende Landschaft der Insel zu erkunden.

Resorts

Princesa Yaiza Suite Hotel Resort

Erleben Sie die ultimative Inselentspannung im luxuriösen 5-Sterne-Hotel Princesa Yaiza Suite Hotel Resort. Eingebettet in den lebhaften Ferienort Playa Blanca, der für seine bezaubernden Strände und den lebhaften Yachthafen bekannt ist, bietet dieses Resort einen wahren Zufluchtsort. Verwöhnen Sie sich in ihren geräumigen und elegant gestalteten Suiten – einige bieten sogar einen atemberaubenden Meerblick und den zusätzlichen Genuss eines privaten Whirlpools.

Mit atemberaubenden acht Außenpools, die Ihnen zur Verfügung stehen, bietet das Resort reichlich Gelegenheit, sich in der Sonne Lanzarotes zu sonnen. Entspannen Sie sich bei einer Verwöhnbehandlung im Spa, beleben Sie Ihren Körper im Fitnesscenter und lassen Sie Ihre Kleinen im Kinderclub die Zeit ihres Lebens verbringen. Kulinarische Abenteuer erwarten Sie in der köstlichen Auswahl an Restaurants und Bars des Resorts. Entdecken Sie den Zauber der nahegelegenen Papagayo-Strände, tauchen Sie ein in die Naturwunder des Timanfaya-Nationalparks und erkunden Sie den Charme der Marina Rubicon – alles ist leicht zu erreichen.

H10 Rubikon-Palast

Das 4-Sterne-Hotel H10 Rubicon Palace liegt in der Nähe des berühmten Leuchtturms von Playa Blanca und des unberührten Flamingo-Strands und strahlt modernen Stil aus. Weiße Gebäude mit farbenfrohen Akzenten bieten eine eindrucksvolle und moderne Kulisse für Ihren Lanzarote-Urlaub. Ziehen Sie sich in helle und luftige Gästezimmer zurück, von denen viele über private

Balkone oder Terrassen verfügen, auf denen Sie die Atmosphäre der Insel genießen können.

Wenn Sie nicht auf Entdeckungsreise sind, nutzen Sie die sechs glitzernden Außenpools des Resorts, regenerieren Sie sich im luxuriösen Spa, halten Sie sich im gut ausgestatteten Fitnessstudio in Form oder lassen Sie sich bei der lebhaften Unterhaltung im Miniclub aus. Mit einer reichhaltigen Auswahl an gastronomischen Einrichtungen, die Ihnen zur Verfügung steht, werden Ihre Geschmacksnerven mit Sicherheit verwöhnt. Darüber hinaus verspricht die Nähe zu den bezaubernden Papagayo-Stränden, dem beeindruckenden Timanfaya-Nationalpark und der lebhaften Marina Rubicon jede Menge Abenteuer.

Strand von Los Jameos am Meer

Das 4-Sterne-Hotel Seaside Los Jameos Playa liegt in der pulsierenden Stadt Puerto del Carmen, einem wahren Hotspot auf Lanzarote, der für seine weitläufigen Strände und sein pulsierendes Nachtleben bekannt ist. Dieses Resort verbindet mühelos traditionelle kanarische

Architektur mit weiß getünchten Wänden und leuchtend grünen Fenstern mit modernen Annehmlichkeiten für einen wirklich erholsamen Urlaub.

Entspannen Sie sich bequem in geräumigen, einladenden Zimmern – einige verfügen über einen Balkon mit direktem Meerblick für eine Extraportion Ruhe. Planschen Sie ein erfrischendes Bad in einem der vier Außenpools, gönnen Sie sich wohltuende Spa-Behandlungen, messen Sie sich auf dem Tennisplatz oder genießen Sie eine gemütliche Runde Minigolf. Der Abend verspricht kulinarische Genüsse im verlockenden Buffetrestaurant des Resorts. Erkunden Sie den faszinierenden Rancho Texas Lanzarote Park, tauchen Sie in das künstlerische Erbe von César Manrique in seiner Stiftung ein oder üben Sie Ihren Schwung im Lanzarote Golf Resort – alles liegt günstig in der Nähe.

Strand von Barcelo Teguise

Entdecken Sie eine moderne Oase in Costa Teguise, wo Sie das 4-Sterne-Hotel Barceló Teguise Beach erwartet. Dieser lebhafte Ferienort ist bekannt für seine Sandstrände und idealen Bedingungen zum Windsurfen und bietet die ideale Kulisse für Ihren Urlaub auf Lanzarote. Tauchen Sie ein in das elegante und minimalistische Design dieses Resorts, akzentuiert durch beruhigende Weiß- und Blautöne.

Moderne Zimmer bieten komfortable Unterkünfte – ein Upgrade auf Zimmer mit Meerblick und privatem Whirlpool sorgt für einen zusätzlichen Hauch von Genuss. Zwei einladende Außenpools bieten reichlich Gelegenheit zum Sonnenbaden. Erholen Sie sich bei einem Besuch im Spa des Resorts, kommen Sie im Fitnesscenter ins Schwitzen und verwöhnen Sie Ihren Gaumen im verlockenden Restaurant vor Ort. Der Aquapark Costa Teguise, der bezaubernde Kaktusgarten und das historische Castillo de Santa Bárbara bieten Abenteuer in der Nähe.

Villen

Villa Alba

Wenn Ihr Traumurlaub auf einer Insel nichts Geringeres als die besten Unterkünfte beinhaltet, verspricht Villa Alba, zu liefern. Diese 5-Sterne-Villa liegt im prestigeträchtigen Puerto Calero, der für seinen eleganten Yachthafen voller luxuriöser Yachten, exquisiter Restaurants und schicker Geschäfte bekannt ist. Gönnen Sie sich die vier opulenten Schlafzimmer und vier tadellos ausgestatteten Badezimmer der Villa, die reichlich Platz für Entspannung und Privatsphäre bieten. Sie finden eine voll ausgestattete Küche, die zu kulinarischen Abenteuern anregt, ein geräumiges Wohnzimmer zum Entspannen und ein Esszimmer, das zum Verweilen bei köstlichen Mahlzeiten einlädt.

Treten Sie hinaus und genießen Sie Ihr privates Villenparadies in vollen Zügen. Genießen Sie ein erfrischendes Bad im beheizten Pool, gleiten Sie in den sprudelnden Whirlpool oder entspannen Sie sich in der erholsamen Sauna. Lassen Sie den Duft heißer Mahlzeiten in der Luft tanzen, während Sie den Grill nutzen, und speisen Sie dann im Freien, während Sie die atemberaubende Aussicht genießen. Ihr Aussichtspunkt von der Dachterrasse bietet unvergessliche Panoramen auf das Meer, majestätische Berge und den geschäftigen Yachthafen darunter.

Villa El Aljibe

Für diejenigen, die einen Rückzugsort voller authentischem Charme und friedlicher Abgeschiedenheit suchen, bietet Villa El Aljibe ein echtes kanarisches Erlebnis. Eingebettet in das traditionelle Dorf Tinajo, im Herzen der Insel, gewährt Ihnen diese 4-Sterne-Villa Zugang sowohl zu den jenseitigen Landschaften des Nationalparks Timanfaya als auch zu den adrenalingeladenen Wellen des Surfspots La Santa.

In diesem makellos restaurierten Bauernhaus aus dem 18. Jahrhundert wird Geschichte lebendig – originale Holzbalken, warme Steinwände und eine alte Zisterne zeugen von seiner reichen Vergangenheit. Zwei gemütliche Schlafzimmer und zwei Badezimmer bieten komfortable Erholung, während die Küche, das

Wohnzimmer und das Esszimmer einen einladenden Raum zum Beisammensein bieten. Draußen erwartet Sie Ihr eigener privater Pool, umgeben von einem blühenden Garten und einer malerischen Terrasse, auf der Sie die ruhige Atmosphäre genießen können.

Villa Lanzarote Natur

Die Villa Lanzarote Natura liegt im Wohngebiet von Tahiche, in der Nähe der berühmten César-Manrique-Stiftung und des bezaubernden Kaktusgartens und strahlt einen einzigartigen und künstlerischen Charme aus. Entdecken Sie in dieser 4-Sterne-Villa lebendige zeitgenössische Kunst, faszinierende Skulpturen und auffällige Wandgemälde, die den Raum schmücken und eine Atmosphäre schaffen, die sowohl inspirierend als auch stilvoll ist.

Die Villa ist ideal für Familien oder Gruppen von Freunden und bietet drei Schlafzimmer und zwei Badezimmer sowie großzügige Gemeinschaftswohnräume wie Küche, Wohnzimmer und Esszimmer. Genießen Sie lange, sonnige Tage in Ihrer privaten Oase mit beheiztem Pool, Whirlpool, Grill und einer entspannenden Terrasse – perfekt, um die Sonne Lanzarotes zu genießen oder eine Mahlzeit unter dem Sternenhimmel zu genießen.

Villa Vulkan

Entfliehen Sie in die ländliche Oase La Asomada, wo Villa Volcan einen einzigartigen Aufenthalt voller Geschichte und umgeben von atemberaubender Naturschönheit bietet. Hier sind atemberaubende Ausblicke auf das Meer, majestätische Berge und malerische Weinberge Ihre ständigen Begleiter. Diese 3-Sterne-Villa ist direkt in eine Vulkanhöhle gebaut und verleiht Ihrem Aufenthalt einen rustikalen und unbestreitbar gemütlichen Charme. Holzmöbel, Steinböden und ein gemütlicher Kamin verstärken die warme Atmosphäre.

Die Villa beherbergt zwei Schlafzimmer und ein Badezimmer sowie eine Küche, ein Wohnzimmer und einen Essbereich – allen Komfort eines Zuhauses in dieser spektakulären Umgebung. Draußen werden Ihre Sinne erfreut sein. Nehmen Sie ein erfrischendes Bad im privaten Pool, entspannen Sie im Garten oder genießen Sie einfach die außergewöhnliche Aussicht und die vulkanische Umgebung von Ihrem privaten Balkon aus.

Wohnungen

Fariones Apartments

Für diejenigen, die sich ein gehobenes Erlebnis im geschäftigen Herzen von Puerto del Carmen wünschen, bieten die Apartamentos Fariones die ideale Mischung aus Stil und Lage. Dieser 4-Sterne-Apartmentkomplex bietet eine elegante Atmosphäre und eine praktische Nähe zu zahlreichen Restaurants, Bars und Geschäften. Wählen Sie aus gut ausgestatteten Apartments mit einem oder zwei Schlafzimmern, die jeweils über einen privaten Balkon oder eine Terrasse verfügen, auf der Sie die Atmosphäre genießen können. Im Inneren erwarten Sie eine voll ausgestattete Küche, ein geräumiges Wohnzimmer, ein komfortables Badezimmer und alle modernen Annehmlichkeiten, die Sie sich wünschen, wie Klimaanlage, WLAN und ein Flachbildfernseher.

Die Anlage selbst sorgt dafür, dass Ihre Freizeit gut genutzt wird. Tanken Sie Sonne auf der weitläufigen Terrasse rund um den Außenpool, entspannen Sie im üppigen Garten oder lassen Sie sich an der 24-Stunden-Rezeption freundlich beraten. Und wenn Sie bereit sind, die Gegend zu erkunden, sind die ausgedehnten Sandstrände von Playa Grande, das verführerische Einkaufszentrum Biosfera und der aufregende Rancho Texas Lanzarote Park alle leicht zu erreichen.

Marisa Estate

Entfliehen Sie in das ruhige Dorf Tinajo und entdecken Sie den traditionellen Charme der Finca Marisa. Dieser einladende 3-Sterne-Apartmentkomplex bietet einen ruhigen Rückzugsort in der Nähe des übernatürlichen Timanfaya-Nationalparks und der adrenalingeladenen Wellen des berühmten Surfspots La Santa. Finden Sie in Ihrem Apartment im rustikalen Stil Ruhe in einem oder zwei gemütlichen Schlafzimmern, bereiten Sie leckere Mahlzeiten in der Küche zu, entspannen Sie im Wohnzimmer und genießen Sie die authentische Lanzarote-Atmosphäre von Ihrer privaten Veranda oder

Terrasse aus. Die Verwendung warmer Holzmöbel, traditioneller Steinwände und Farbtupfer schaffen eine einladende Atmosphäre.

Entspannung erwartet Sie in der gesamten Anlage. Nehmen Sie ein Bad im beheizten Pool, entspannen Sie im Whirlpool, entspannen Sie sich in der Sauna und genießen Sie eine Mahlzeit frisch vom Grill. Abende versprechen ruhige Momente in der einladenden Lounge. Erkunden Sie für Ihre Abenteuer die jenseitige Wüste El Jable, tauchen Sie auf dem La Vegueta-Markt in die lokale Kultur ein und lassen Sie sich vom künstlerischen Erbe der César Manrique-Stiftung inspirieren – alles liegt günstig in der Nähe.

Lanzarote-Meerblick

Tauchen Sie ein in das Fischerdorf Arrieta und erleben Sie die einzigartige Mischung aus modernem Stil und künstlerischem Flair im Lanzarote Ocean View. Dieser 4-Sterne-Apartmentkomplex liegt an der Nordküste der Insel und bietet Ihnen Zugang zu Sandstränden und ruhigen Naturpools. Sie haben die Wahl zwischen Ein-

und Zwei-Zimmer-Apartments, die jeweils über einen privaten Balkon oder eine Terrasse verfügen, auf denen Sie die Aussicht auf das Meer genießen können.

Entdecken Sie im Inneren eine zeitgenössische Ästhetik, in der beruhigende Weiß- und Blautöne durch Originalgemälde und Skulpturen akzentuiert werden. Ein gemütliches Wohnzimmer, eine gut ausgestattete Küche und ein entspannendes Badezimmer runden Ihr Zuhause auf Zeit ab. Genießen Sie die atemberaubende Aussicht auf der Dachterrasse des Komplexes, finden Sie Ruhe im üppigen Garten oder entspannen Sie sich in einem guten Buch aus der einladenden Bibliothek. Lanzarotes berühmte Sehenswürdigkeiten wie die Jameos del Agua, die Cueva de los Verdes und der Aussichtspunkt Mirador del Río sind für unvergessliche Abenteuer leicht erreichbar.

Tomarén-Haus

Erleben Sie im Casa Tomarén ein geschichtsträchtiges Inselleben. Dieser 3-Sterne-Komplex liegt im ländlichen Herzen von Lanzarote in der Nähe des Campesino-

Denkmals und der malerischen Weinregion La Geria und ist in einem restaurierten Landhaus aus dem 18. Jahrhundert untergebracht. Originale architektonische Merkmale wie freiliegende Holzbalken, warme Steinböden und sogar eine traditionelle Zisterne tragen zum einzigartigen Charme bei.

In Ihrem Apartment mit einem oder zwei Schlafzimmern erwarten Sie eine einladende Küche, ein gemütlicher Wohnbereich, ein entspannendes Badezimmer und eine private Veranda oder Terrasse. Entspannen Sie sich am Außenpool, finden Sie Ihr Zen im Yoga-Raum, gönnen Sie sich eine wohltuende Massage und genießen Sie köstliche Mahlzeiten im hoteleigenen Restaurant. Wenn das Abenteuer ruft, bietet der Komplex eine Vielzahl von Aktivitäten wie Wandern, Radfahren und sogar Reiten, sodass Sie vollständig in die atemberaubende Naturlandschaft Lanzarotes eintauchen können.
Um mehr zu erfahren und auch Ihre Unterkunft zu buchen, besuchen Sie: www.tripadvisor.com

Essen und Essen gehen

Casa Rafa Restaurante de Mar

Tauchen Sie ein in die authentischen Aromen der Kanaren im Casa Rafa Restaurante de Mar. Dieses Restaurant liegt im charmanten Fischerdorf El Golfo, das für seinen markanten schwarzen Sandstrand und die leuchtend grüne Lagune bekannt ist, und ist ein Paradies für Meeresfrüchteliebhaber. Treten Sie ein in eine gemütliche Atmosphäre, in der rustikale Holztische und warme Steinwände für eine einladende Atmosphäre sorgen und gleichzeitig Ausblicke auf das Meer dahinter bieten.

Casa Rafa ist stolz auf die Verwendung frischer Zutaten aus der Region und traditioneller Rezepte. Genießen Sie den Geschmack von saftigem Fisch, zarten Garnelen, fachmännisch zubereitetem Tintenfisch und dicken Muscheln. Jedes Gericht wird mit Sorgfalt zubereitet und spiegelt das kulinarische Erbe der Insel wider – ob perfekt gegrillt, zart gebraten oder in einer aromatischen Soße gebadet. Begleiten Sie Ihr Festmahl mit klassischen kanarischen Beilagen wie Papas Arrugadas (faltige

Kartoffeln), beträufelt mit der unverwechselbaren Mojo-Sauce oder dem nussigen Geschmack von Gofio (geröstetes Maismehl).

Colachos Küche

Entdecken Sie im La Cocina de Colacho ein kulinarisches Erlebnis, das sowohl Ihren Gaumen als auch Ihren kreativen Geist verwöhnt. Dieses stilvolle Restaurant liegt im pulsierenden Ferienort Playa Blanca, der für seine unberührten Strände und den belebten Yachthafen bekannt ist. Es ist die Idee des renommierten Küchenchefs Joaquín Espejo, der liebevoll Colacho genannt wird.

Begeben Sie sich auf ein kulinarisches Abenteuer, bei dem traditionelle Zutaten auf modernste Techniken treffen. Die Kreationen von Küchenchef Colacho sind sowohl eine Augenweide als auch ein Genuss für den Gaumen – jedes Gericht strotzt nur so vor Geschmack und unerwarteten Kombinationen. Lassen Sie sich beim Essen von den Werken lokaler Künstler verzaubern, die die Wände schmücken. Gemälde, Skulpturen und Wandgemälde verleihen dem Raum lebendige Farben und Texturen und schaffen so eine wirklich einzigartige Atmosphäre.

Restaurant Mirador de Los Valles

Entfliehen Sie in das malerische Dorf Los Valles im Norden von Lanzarote und genießen Sie im Restaurante Mirador de Los Valles ein kulinarisches Erlebnis, das die Fülle der Natur zelebriert. Eingebettet in eine Landschaft, die für den Aussichtspunkt Mirador del Río und die faszinierende Cueva de los Verdes bekannt ist, ist dieses Restaurant eine Erweiterung eines charmanten Landhotels. Lassen Sie sich von einer Speisekarte verzaubern, die sich je nach Jahreszeit ändert und die frischesten Zutaten aus der Region enthält.

Es erwarten Sie Käse, Weine, Honig, reichlich Obst und Gemüse sowie zartes Fleisch – alles sorgfältig aus der umliegenden Region bezogen. Vegetarische, vegane und glutenfreie Optionen werden sorgfältig zusammengestellt, sodass jeder die frischen, gesunden Aromen genießen kann. Speisen Sie in einer warmen und einladenden Atmosphäre, die durch Holzmöbel, Steinböden und einen atemberaubenden Ausblick auf das Tal bis zum Meer geprägt ist.

Restaurant El Diablo

Für ein wirklich unvergessliches kulinarisches Erlebnis begeben Sie sich in das Herz des Timanfaya-Nationalparks – ein Naturwunder, das die dramatischen Vulkanlandschaften Lanzarotes zur Geltung bringt. Entdecken Sie das Restaurante El Diablo, ein einzigartiges Lokal, das direkt auf einem Vulkanschlot erbaut wurde. Hier wird die unerbittliche Hitze, die von der Erde selbst ausgeht, genutzt, um außergewöhnliche Gerichte zu kreieren.

Schauen Sie zu, wie erfahrene Köche auf einem riesigen Grill ihr Können entfalten und saftiges Fleisch, delikaten Fisch und frisches Gemüse direkt über der vulkanischen Hitze zubereiten. Ergänzen Sie Ihre Mahlzeit mit einer Auswahl vom Buffet mit Salaten, aromatischen Suppen und köstlichen Desserts. Das kreisförmige Design des Restaurants und die vom Boden bis zur Decke reichenden

Fenster gewähren einen faszinierenden Blick auf die übernatürlichen Vulkanformationen, die Sie umgeben.

Transport

Bus

Für eine preisgünstige Fahrt durch die wichtigsten Städte, Ferienorte und beliebten Sehenswürdigkeiten Lanzarotes ist das öffentliche Bussystem der Insel eine praktische Wahl. Erwarten Sie, dass Sie in modernen Bussen mit bequemen Sitzen und Klimaanlage reisen, was auch längere Fahrten angenehm macht. Einzeltickets oder „Bonokarten“ bieten eine Ermäßigung auf mehrere Fahrten und halten so Ihre Transportkosten niedrig. Intercity Bus Lanzarote betreibt das System und Sie können Routen, Fahrpläne und Preisinformationen direkt auf deren Website finden.

Es ist wichtig zu beachten, dass der Service zu einigen abgelegeneren Gebieten der Insel oder zu einzigartigen Sehenswürdigkeiten möglicherweise selten oder gar nicht vorhanden ist. Darüber hinaus kann es je nach Jahreszeit und Verkehrslage dazu kommen, dass die Fahrpläne nicht immer strikt eingehalten werden.

Taxi

Wenn es auf Geschwindigkeit und Komfort ankommt, steht Ihnen das Taxinetz von Lanzarote auf der gesamten Insel zur Verfügung. Offizielle Taxis sind leicht an der weißen Farbe und der markanten „Taxi"-Beschilderung auf dem Dach zu erkennen. Rufen Sie einen direkt auf der Straße an, vereinbaren Sie telefonisch eine Abholung oder gehen Sie zu den Taxiständen, die sich häufig in der Nähe des Flughafens, von Bushaltestellen, Einkaufsvierteln und beliebten Touristenattraktionen befinden.

Die Taxipreise werden staatlich reguliert und gemessen und sind tendenziell günstiger als in Gebieten wie Nordeuropa. Überprüfen Sie die ungefähren Preise auf der Website von Lanzarote Taxi. Taxis sind eine fantastische Option für kürzere Strecken, um die Suche nach einem Parkplatz zu vermeiden oder sogar für eine sichere Heimfahrt nach einer langen Nacht. Bedenken Sie jedoch, dass Verfügbarkeit und Kosten je nach Tageszeit, Zielort und Gesamtnachfrage schwanken können.

Autovermietung

Wenn Sie die größtmögliche Freiheit wünschen, Lanzarote auf eigene Faust zu erkunden, ist die Anmietung eines Fahrzeugs möglicherweise die perfekte Lösung. Wählen Sie aus einer breiten Auswahl an Autos – von kompakten und sparsamen bis hin zu luxuriösen und geräumigen Vans – angeboten von etablierten Unternehmen wie Cicar, Avis und Europcar. Buchen Sie Ihre Anmietung online, telefonisch oder direkt am Flughafen. Die Mietpreise sind wettbewerbsfähig und beinhalten im Allgemeinen Versicherung, Steuern und unbegrenzte Kilometer. Schauen Sie sich Vergleichsseiten wie Lanzarote Car Hire an, um Preise und Mietkonditionen verschiedener Unternehmen zu vergleichen.

Um ein Auto zu mieten, benötigen Sie einen gültigen Führerschein, eine Kreditkarte und müssen das angegebene Mindestalter erreichen (dieses variiert je nach

Unternehmen und Fahrzeugtyp, liegt aber im Allgemeinen zwischen 21 und 23 Jahren).

Fähre

Für diejenigen, die ihr Lanzarote-Abenteuer auf andere nahegelegene Inseln ausdehnen möchten, ist eine entspannte Fahrt mit der Fähre möglicherweise die perfekte Art zu reisen. Verbinden Sie sich mit Fuerteventura, Gran Canaria oder dem bezaubernden La Graciosa über komfortable Fähren, die Annehmlichkeiten wie Bars, Restaurants, Geschäfte und sogar Unterhaltung an Bord bieten. Mehrere Unternehmen wie Fred Olsen, Naviera Armas und Lineas Romero betreiben diese Strecken. Kaufen Sie Ihre Tickets online, telefonisch oder direkt am Hafen.

Die Fährpreise variieren je nach Route, Reisesaison und ob Sie als Passagier oder mit einem Fahrzeug reisen. Detaillierte Fahrplan- und Preisinformationen finden Sie auf der Website von Lanzarote Ferry. Bedenken Sie, dass raue See oder hohe Nachfrage manchmal die

Verfügbarkeit und Reisezeit der Fähren beeinflussen können.

Fahrrad

Für körperlich fitte und abenteuerlustige Reisende ist das Mieten eines Fahrrads eine fantastische Möglichkeit, die Schönheit Lanzarotes zu erleben und sich gleichzeitig großartig zu bewegen. Wählen Sie aus einer Vielzahl von Optionen wie Mountainbikes, Rennrädern, Tandemrädern und sogar Elektrofahrrädern, je nach Ihren Bedürfnissen und Vorlieben. Unternehmen wie Papagayo Bike, ProAction BH und Lanzarote Bike bieten Vermietungen mit bequemer Online-Buchung an, oder Sie können alles telefonisch oder persönlich vereinbaren. Erwarten Sie angemessene Preise, darunter Helme, Schlösser und sogar Karten, die Ihnen bei der Navigation helfen.

Auch wenn die Erkundung der Insel mit dem Fahrrad eine lohnende und umweltfreundliche Art ist, sollten Sie stets auf die Sicherheit achten. Seien Sie körperlich auf die Herausforderung vorbereitet, achten Sie auf den Verkehr und zeigen Sie Respekt vor der natürlichen Umgebung der Insel.

Sicherheitstipps und Notfallkontakte

Sicherheitstipps

- **Schützen Sie sich vor Kleinkriminalität:** Lanzarote ist im Allgemeinen ein sicheres Reiseziel für Reisende, es ist jedoch wichtig, sich vor opportunistischen Straftaten wie Taschendiebstahl und Betrug in Acht zu nehmen, insbesondere an beliebten Touristenzielen. Seien Sie wachsam mit Ihren Sachen, insbesondere an überfüllten Orten wie Märkten, an belebten Stränden und beim Reisen in Bussen. Bewahren Sie Wertsachen sicher nahe am Körper und außer Sichtweite auf. Seien Sie vorsichtig, wenn sich Leute mit Klemmbrettern, Petitionen oder scheinbar unglaublichen Angeboten an Sie wenden. Dabei kann es sich um Taktiken handeln, um Sie abzulenken und Ihre Besitztümer zu stehlen, oder um Geld gegen wertlose Gegenstände einzutauschen. Wenn Sie auf solche Situationen stoßen, ist ein klares „Nein, danke“ und ein selbstbewusstes Weggehen die beste Vorgehensweise.

- **Sorgen Sie dafür, dass Ihre Unterkunft sicher und geschützt ist:** Wenn Sie sich für eine Villa oder ein Apartment entscheiden, achten Sie vorrangig darauf, dass Sie ein sicheres Gefühl vermitteln und über einen Safe für die Aufbewahrung Ihrer wichtigen Dokumente, Ihres Bargelds und Ihrer elektronischen Geräte verfügen. Praktizieren Sie stets gute Sicherheitsgewohnheiten – schließen Sie Türen und Fenster beim Verlassen und vor dem Schlafengehen ab. Vermeiden Sie es, Wertsachen offen liegen zu lassen, um Gelegenheitsdiebstählen vorzubeugen. Sollten größere Probleme oder Bedenken mit Ihrer Unterkunft auftreten, zögern Sie nicht, sich umgehend an Ihren Vermieter oder Immobilieneigentümer zu wenden, um Hilfe zu erhalten.
- **Verantwortungsvolles Fahren und Radfahren:** Wenn Sie Lanzarote mit dem Auto oder Fahrrad erkunden, ist es von größter Bedeutung, dass Sie alle Verkehrsregeln und -vorschriften einhalten und Respekt gegenüber anderen Autofahrern, Radfahrern und Fußgängern zeigen. Denken Sie immer daran, im Auto den Sicherheitsgurt und beim Radfahren einen Helm anzulegen. Alkohol am Steuer ist

niemals akzeptabel und hat schwerwiegende Folgen. Bevor Sie Ihre Reise antreten, nehmen Sie sich ein paar Minuten Zeit, um Ihr Fahrzeug oder Mietfahrrad zu inspizieren. Stellen Sie sicher, dass es sich in einem einwandfreien Zustand befindet und dass Sie über alle erforderlichen Versicherungsunterlagen verfügen. Im unglücklichen Fall eines Unfalls oder einer Panne wenden Sie sich an den Rettungsdienst, um sofortige Hilfe zu erhalten, oder wenden Sie sich an Ihren Vermieter, um Unterstützung zu erhalten.

- **Schutz vor Sonne und Hitze:** Lanzarote verfügt über ein warmes und sonniges Klima – perfekt, um die wunderschönen Strände zu genießen! Denken Sie jedoch daran, Vorsichtsmaßnahmen gegen Risiken wie Sonnenbrand, Dehydrierung und sogar Hitzschlag zu treffen. Es ist wichtig, ausreichend Flüssigkeit zu sich zu nehmen. Nehmen Sie daher den ganzen Tag über Wasser mit und trinken Sie reichlich, insbesondere wenn Sie sich in der Natur aufhalten. Begrenzen Sie den Konsum von Alkohol und koffeinhaltigen Getränken, da diese die Dehydrierung beschleunigen können. Tragen Sie

Sonnenschutzmittel großzügig auf (auch an bewölkten Tagen!) und wiederholen Sie die Anwendung häufig. Schützen Sie Ihre Augen mit einer Sonnenbrille und ziehen Sie für zusätzlichen Schatten einen Hut mit breiter Krempe in Betracht. Suchen Sie in der heißesten Zeit des Tages nach einer Pause vor der direkten Sonneneinstrahlung. Seien Sie beim Schwimmen vorsichtig – schwimmen Sie niemals alleine oder in unbekannten Bereichen und achten Sie immer genau auf Strandflaggen und Schilder.

- **Respekt vor der Vulkanlandschaft Lanzarotes:** Die atemberaubenden Vulkanlandschaften sind ein großer Anziehungspunkt für Besucher, es ist jedoch wichtig, sich des inhärenten Potenzials für seismische Aktivitäten bewusst zu sein. Obwohl es in letzter Zeit keine größeren Ausbrüche gab, bleibt die Insel aktiv. Bleiben Sie über die Möglichkeit von Erdbeben, Erdrutschen oder Veränderungen der vulkanischen Aktivität informiert. Befolgen Sie im Notfall stets die Anweisungen und Anweisungen der örtlichen Behörden und Nachrichtenagenturen. Zeigen Sie außerdem Respekt vor dieser einzigartigen und empfindlichen Umgebung – vermeiden Sie es, Steine, Pflanzen oder Wildtiere aus geschützten Vulkangebieten zu stören, zu beschädigen oder zu entfernen.

Notfallkontakte

- **Universelle Notrufnummer:** Wenn eine Situation eintritt, in der dringend Hilfe von Polizei, Feuerwehr oder medizinischem Dienst benötigt wird, wählen Sie 112. Dies ist die örtliche Notrufnummer auf Lanzarote.
- **Krankenhaus der Insel Lanzarote:** Für nicht dringende medizinische Situationen, die einen Krankenhausaufenthalt oder eine Spezialbehandlung erfordern, ist das Hospital Insular de Lanzarote das wichtigste öffentliche Krankenhaus der Insel. Ihre Telefonnummer ist +34 928 59 50 00 und sie befindet sich in Juan de Quesada, s/n, 35500, Arrecife. Das Krankenhaus verfügt über eine eigene Notaufnahme, eine Apotheke und andere Spezialeinheiten. Denken Sie daran, Ihre Europäische Krankenversicherungskarte (EHIC) und

Ihren Reisepass mitzubringen, um Zugang zur öffentlichen Gesundheitsversorgung zu erhalten.

Insider-Guide

Attraktionen abseits der ausgetretenen Pfade

Der Golf

Das malerische Fischerdorf El Golfo liegt an der Westküste Lanzarotes und bietet ein unvergleichliches visuelles Fest. Seine Hauptattraktion ist der Charco de Los Clicos, eine leuchtend grüne Lagune, die in einem Vulkankrater entstanden ist. Die darin gedeihenden Algen bilden einen faszinierenden Farbkontrast vor der Kulisse aus schwarzem Vulkansand und dem azurblauen Meer. In der Nähe lädt der abgelegene Playa del Golfo, der für seinen schwarzen Sand bekannt ist, zum Entspannen ein und bietet einen atemberaubenden Blick auf Klippen und tosende Wellen. Und um das Erlebnis abzurunden, ist El Golfo der ideale Ort, um die frischesten Meeresfrüchte zu genießen. Lokale Restaurants sind auf fachmännisch zubereiteten Fisch, Garnelen, Tintenfisch und Muscheln spezialisiert – perfekt zubereitet in verschiedenen Stilrichtungen, von gegrillt über gebraten bis hin zu aromatischen Saucen.

Las Grietas: Miniatur-Vulkanschluchten

Ein einzigartiges geologisches Wunder erleben Sie in Las Grietas. Diese drei Risse, die sich an den Hängen des 600 Meter hohen Vulkans Montaña Blanca gebildet haben, ähneln einer verkleinerten Version der Canyons in Arizona oder Utah. Auch wenn die Risse nicht besonders weit entfernt sind, sind sie recht schmal und bieten ein beeindruckendes Gefühl, wenn man die komplizierten, in den Fels gehauenen Linien bewundert. Las Grietas belohnt Besucher mit einer unglaublichen Aussicht auf Puerto del Carmen und den weiten Ozean dahinter.

Unter dem Berg

Reisen Sie ins Herz der Insel und entdecken Sie Bajo de la Montaña, einen Vulkankrater in der Nähe der Stadt San Bartolomé. Der etwa 200 Meter breite und 30 Meter tiefe Krater hat eine kreisförmige Form und einen überraschend flachen Boden. Bajo de la Montaña ist für die Öffentlichkeit zugänglich und lädt Sie ein, direkt hineinzugehen und seine faszinierenden Besonderheiten zu erkunden. Halten Sie Ausschau nach Lavaröhren, Schloten und einer Vielzahl einzigartiger

Felsformationen. Der Krater ist auch ein fantastischer Ort, um die charakteristische Flora und Fauna der Insel zu beobachten – hier werden häufig Eidechsen, Vögel und Kakteen gesichtet.

Nun, Strand

Für eine echte Auszeit sollten Sie Playa del Pozo im Visier haben, versteckt an der Nordostküste Lanzarotes in der Nähe der Stadt Orzola. Um dieses versteckte Juwel zu erreichen, ist etwas mehr Aufwand erforderlich, da ein Spaziergang über eine unbefestigte Straße und einen steinigen Pfad erforderlich ist. Aber die Belohnung ist es wert – unberührter weißer Sand und faszinierendes türkisfarbenes Wasser erwarten Sie. Die ruhige Atmosphäre eignet sich perfekt zum Schnorcheln. Im klaren, ruhigen Wasser wimmelt es von bunten Fischen und vielfältigen Meereslebewesen. Playa del Pozo ist die ideale Wahl für alle, die ein ruhiges Stranderlebnis abseits des Trubels suchen.

Geführte Wanderungen zur tieferen Erkundung

Der Timanfaya-Nationalpark ist ein Muss auf Lanzarote und zeigt die beeindruckende Vulkankraft der Insel. Der Park umfasst mehr als 51 Quadratkilometer und verfügt über mehr als 25 Vulkane, markante Lavafelder, Geysire und Krater. Während eine Bustour einen fantastischen Überblick über Highlights wie die Montañas del Fuego, die Islote de Hilario und den Echadero de Camellos bietet, können Sie bei einer geführten Wanderung den typischen Weg verlassen. Diese Spaziergänge führen Sie tiefer in den Park hinein und erkunden weniger bereiste und spektakuläre Gebiete wie die Caldera Blanca, den Volcán Nuevo del Fuego und die Ruta de los Volcanes. Geführte Wanderungen sind kostenlos, eine Voranmeldung ist jedoch aufgrund der begrenzten Plätze und der hohen Nachfrage unbedingt erforderlich.

Verborgene Schätze und geheime Orte

Charco de San Ginés

Treten Sie ein in eine Szene von Postkartenschönheit in der Hauptstadt von Lanzarote im Charco de San Ginés.

Diese natürliche Lagune, umgeben von traditionellen weißen Häusern, sich wiegenden Palmen und farbenfrohen Fischerbooten, vermittelt ein Gefühl von Ruhe und zeitlosem Charme. Dieses lebhafte Uferviertel ist auch ein Kulturzentrum mit zahlreichen Bars, einladenden Restaurants, einzigartigen Geschäften und Galerien, die lokale Kunst präsentieren. Ein Spaziergang über die historische Brücke Puente de las Bolas führt Sie zum Castillo de San Gabriel, einer Festung aus dem 16. Jahrhundert, die in ein Museum umgewandelt wurde und einen Einblick in die Vergangenheit der Insel bietet.

Charco del Palo: Ein Paradies für Naturisten

Wer ein wahrhaft befreiendes Erlebnis im Einklang mit der Natur sucht, sollte nach Charco del Palo fahren – einem FKK-Dorf an der Nordostküste Lanzarotes, nicht weit von Mala entfernt. Dieses abgelegene Dorf bietet das ultimative Gefühl von Frieden und Freiheit, wo Sie Ihre Kleidung und Sorgen ablegen können. Ein ruhiger Naturpool namens El Muro lädt zum Schwimmen und Sonnenbaden ein, während versteckte Felsbuchten und einladende Strände locken. Wenn Sie sich für einen längeren Aufenthalt entscheiden, bietet das Dorf Unterkunftsmöglichkeiten wie Apartments und Bungalows und verfügt sogar über ein Restaurant und einen Supermarkt.

Charco Verde: Die ruhige Smaragdlagune

Entdecken Sie eine weitere der leuchtend grünen Lagunen Lanzarotes, Charco Verde, entlang der Westküste in der Nähe des Dorfes El Golfo. Diese Lagune ist zwar kleiner und vielleicht weniger bekannt als Charco de los Clicos, bietet aber eine intimere und ruhigere Atmosphäre. Erleben Sie den lebhaften Grünton, der durch die einzigartigen Algen entsteht, die im Wasser gedeihen und einen schönen Kontrast zum schwarzen Vulkansand und dem azurblauen Meer bilden. Charco Verde ist auch ein Paradies für Vogelbeobachter, die gerne Arten wie lebhafte Flamingos, anmutige Reiher und Silberreiher beobachten möchten.

Die Kugelbrücke: Ein natürliches Meisterwerk

Reisen Sie an die Nordküste Lanzarotes in der Nähe der Stadt Orzola und bestaunen Sie El Puente de las Bolas –

einen natürlichen Bogen, der von den unerbittlichen Kräften der Natur geformt wurde. Der aus Basaltgestein bestehende Bogen hat eine kreisförmige Form mit einem markanten zentralen Loch, das einer Kugel ähnelt. In einer wilden und ungezähmten Landschaft gelegen, schlagen hier die Wellen dramatisch gegen die Klippen und starke Winde sorgen für ein Element elementarer Kraft. Von diesem Aussichtspunkt aus haben Sie auch einen Ausblick auf die nur 2 Kilometer entfernte Insel La Graciosa.

Los Hervideros: Wo das Meer Drama schafft

Erleben Sie den spektakulären Tanz zwischen Land und Meer in Los Hervideros an der Südwestküste in der Nähe von Yaiza. Diese Reihe von Höhlen und Blaslöchern wurde vom Ozean unerbittlich geformt. Der Name, der „kochende Töpfe" bedeutet, beschreibt perfekt den Effekt, der entsteht, wenn Wasser in die Höhlen hinein- und herausströmt – ein faszinierendes Schauspiel aus Blasen, Spritzern und widerhallenden Geräuschen. Dieser dynamische Anblick ist noch beeindruckender, wenn das Meer rau ist und die Flut hoch ist. Gehen Sie auf ausgewiesenen Wegen und Plattformen und genießen Sie atemberaubende Ausblicke auf die Höhlen, die Küste und das offene Meer.

Aussichtspunkt der Ermita de las Nieves

Steigen Sie zum höchsten Punkt Lanzarotes auf, der 608 Meter über dem Meeresspiegel liegt, und genießen Sie atemberaubende Ausblicke vom Aussichtspunkt Mirador de la Ermita de las Nieves. Dieser Aussichtspunkt befindet sich neben einer bezaubernden kleinen Kapelle zu Ehren der Schutzpatronin der Insel, der Jungfrau des Schnees, und bietet Ihnen einen atemberaubenden Panoramablick über die gesamte Insel. Schauen Sie auf das Meer und die benachbarten Inseln wie La Graciosa, Alegranza, Montaña Clara und Roque del Oeste. Wenn sich der Tag dem Ende neigt, verwandelt sich dieser Aussichtspunkt in einen erstklassigen Ort, um die leuchtenden Farben des Sonnenuntergangs am Himmel zu beobachten.

Telamons gestrandetes Schiff: Ein unheimliches maritimes Relikt

Entdecken Sie vor der Küste von Arrecife in der Nähe des Hafens von Los Mármoles einen merkwürdigen und eindringlichen Anblick – das halb versunkene Wrack von Telamon. Dieses Frachtschiff erlitt 1981 sein Schicksal, als es in einem heftigen Sturm auf Grund lief. Verlassen und den Elementen überlassen, birgt die verrostete Form des Schiffes eine gewisse unheimliche Faszination. Obwohl es nicht empfehlenswert ist, an Bord des verfallenden Schiffes zu gehen, können Sie aus sicherer Entfernung am Ufer einzigartige Fotos dieses ungewöhnlichen Wahrzeichens machen.

Tipps zum Eintauchen

Die Macht der Sprache

Während viele Einwohner von Lanzarote, die im Tourismus arbeiten, über gewisse Englischkenntnisse verfügen, zeigt die Anstrengung, ein paar wichtige spanische Sätze zu lernen, den echten Wunsch, sich mit der lokalen Kultur zu verbinden. Beginnen Sie mit den Grundlagen – Begrüßungen, einfache Fragen, Nummern und Wegbeschreibungen. Sprachführer, Wörterbücher und Übersetzungs-Apps sind wertvolle Lernwerkzeuge. Scheuen Sie sich nicht, es zu versuchen, auch wenn Ihre

Aussprache nicht perfekt ist! Die Einheimischen werden Ihre Bemühungen zu schätzen wissen und Ihnen oft gerne beim Lernen helfen. Versuchen Sie außerdem, ein paar spezifische Wörter oder Ausdrücke der Kanarischen Inseln zu lernen, wie „guagua" (Bus), „papas" (Kartoffeln) oder „mojo" (Soße).

Genießen Sie die Aromen der Insel: Essen Sie wie ein Einheimischer

Das Essen ist eng mit dem kulturellen Gefüge Lanzarotes verbunden, und wenn man die typischen Touristenrestaurants verlässt und authentische lokale Küche genießt, ist das eine köstliche Entdeckungsreise. Suchen Sie nach von Einheimischen frequentierten Lokalen und lassen Sie sich mit traditionellen Gerichten wie „Sancocho" (Fischeintopf), „Ropa Vieja" (ein herzhafter Eintopf mit Fleisch und Kichererbsen) oder „Conejo al Salmorejo" (in einer Knoblauchsauce geschmortes Kaninchen) verwöhnen. Für ein lebhaftes Erlebnis besuchen Sie belebte Märkte wie den Teguise-Markt oder den Uga-Markt. Hier finden Sie eine Fülle lokaler Schätze – Käse, Weine, Honig, frisches Obst und

Gemüse sowie verlockendes Gebäck. Um Ihr kulinarisches Abenteuer noch weiter voranzutreiben, sollten Sie an einem Kochkurs oder einer speziellen kulinarischen Tour teilnehmen, bei der Sie aus erster Hand etwas über die einzigartigen Zutaten und Kochtraditionen der Insel erfahren.

Feiern Sie mit der Community

Lanzarote verfügt über einen reichhaltigen und lebendigen Kulturkalender voller Veranstaltungen und Festivals, die die Musik, Kunst und Traditionen der Insel präsentieren. Informieren Sie sich über die Termine lokaler Konzerte, vielleicht mit traditioneller kanarischer Musik, lebhaften Comedy-Shows und sogar klassischen Theateraufführungen. Wenn Ihre Reise mit einem der größten Feste der Insel zusammenfällt, sollten Sie sich die Gelegenheit nicht entgehen lassen, in die Feierlichkeiten einzutauchen! Erleben Sie farbenfrohe Kostüme, lebhafte Paraden, traditionelle Tänze und sogar Feuerwerke bei Veranstaltungen wie dem Karneval, der Fiesta de San Juan oder der Fiesta de Nuestra Señora de los Dolores.

Bleiben Sie unter den Einheimischen

Wählen Sie Unterkünfte, die Sie mitten in die lokale Gemeinschaft versetzen, um ein tieferes Verständnis für das tägliche Leben auf Lanzarote zu erhalten. Erwägen Sie eine Gastfamilie, in der Sie bei einer einheimischen Familie wohnen, oder vielleicht ein charmantes Gästehaus, ein Landhotel oder ein einzigartiges Boutique-Hotel. Diese Optionen bieten oft ein intimeres und persönlicheres Erlebnis. Plattformen wie Couchsurfing, Airbnb oder Homestay können Sie mit einer Vielzahl von Gastgebern und Unterkünften verbinden, die zu Ihrem Stil und Budget passen. Der Aufenthalt bei Einheimischen bietet die Möglichkeit, neue Freunde zu finden, Insider-Tipps über die Insel zu erhalten und verborgene Schätze zu entdecken, die normalerweise nicht in Reiseführern zu finden sind.

Entdecken Sie Naturwunder und historische Stätten

Lanzarotes einzigartige Schönheit und faszinierende Geschichte sind mit seinen vielfältigen Naturlandschaften und historischen Sehenswürdigkeiten verwoben.

Während sehenswerte Wahrzeichen wie der Timanfaya-Nationalpark, die César-Manrique-Stiftung und die Jameos del Agua unglaubliche Erlebnisse bieten, sollten Sie auch weniger bekannte Juwelen nicht außer Acht lassen. Wagen Sie sich in die leuchtend grüne Lagune El Golfo, erkunden Sie die unwirklichen Risse von Las Grietas oder steigen Sie in den Vulkankrater Bajo de la Montaña hinab. Um ein tieferes Verständnis der Insel und ihres Erbes zu erlangen, können Sie an einer geführten Tour, einem Wander- oder Radausflug oder vielleicht sogar an einem Reitabenteuer teilnehmen.

Route

7-tägige Reiseroute

Tag 1: Vulkanwunder und Weinbergfreuden

- Beginnen Sie Ihr Lanzarote-Abenteuer, indem Sie in die jenseitigen Landschaften des Timanfaya-Nationalparks eintauchen. Dieser beeindruckende Park erstreckt sich über 51 Quadratkilometer und verfügt über mehr als 25 Vulkane sowie faszinierende Lavafelder, Geysire und Krater. Eine Bustour bietet einen bequemen Überblick und führt Sie an berühmten Sehenswürdigkeiten wie den Montañas del Fuego, Islote de Hilario und dem Echadero de Camellos vorbei. Für ein tiefergehendes Erlebnis sollten Sie eine der kostenlosen geführten Wanderungen in Betracht ziehen (Voranmeldung unbedingt erforderlich!), die abseits der ausgetretenen Pfade zu bemerkenswerten Orten wie der Caldera Blanca, dem Volcán Nuevo del Fuego und der Ruta de los Volcanes führen.
- Nachdem Sie die Vulkanlandschaft bestaunt haben, reisen Sie nach La Geria, Lanzarotes einzigartiger Weinregion. Erleben Sie hier die raffinierten Weinbautechniken, die

entwickelt wurden, um Weinreben im schwarzen Vulkanboden anzubauen. Runde Gruben und sorgfältig errichtete Steinmauern schützen die wertvollen Pflanzen vor Witterungseinflüssen. Begeben Sie sich auf eine Weintour durch Weingüter wie Bodega La Geria, Bodega El Grifo oder Bodega Rubicón – probieren Sie die Früchte dieser Arbeit und probieren Sie unverwechselbare lokale Sorten wie Malvasia, Moscatel und Diego.

- Genießen Sie zum Mittagessen authentische kanarische Küche in einem der charmanten Restaurants der Gegend. Casa de la Playa, El Chupadero oder Bodega Stratvs bieten alle köstliche traditionelle Gerichte wie „Sancocho" (Fischeintopf), „Ropa Vieja" (Fleisch-Kichererbsen-Eintopf) oder „Conejo al Salmorejo" (Kaninchen in Knoblauchsauce).
- Ihr Nachmittag setzt das vulkanische Thema fort, während Sie bemerkenswerte Naturformationen entdecken, die von der feurigen Vergangenheit der Insel geformt wurden. Los Hervideros bietet ein dramatisches Schauspiel, wenn Wellen gegen Höhlen und Blaslöcher schlagen und eine Symphonie aus Blasen, Spritzern und widerhallendem

Grollen entsteht. Besuchen Sie unbedingt das kleine Fischerdorf El Golfo, das für seinen markanten schwarzen Sandstrand und die leuchtend grüne Lagune Charco de los Clicos bekannt ist. Bestaunen Sie abschließend die farbenfrohen Salinen von Las Salinas de Janubio, wo die Verdunstung die Landschaft in faszinierende Rosa- und Blautöne taucht.

- Der erste Tag endet in Playa Blanca, einem lebhaften Ferienort mit einem malerischen Strand und einem lebhaften Yachthafen. Dies ist der perfekte Ort, um den frischesten Fang des Tages zu genießen – Fisch, Garnelen, Tintenfisch und Muscheln, gekonnt zubereitet in verschiedenen Stilrichtungen. Sie können zwischen gegrillten, gebratenen oder würzigen Saucen wählen. Genießen Sie nach einem köstlichen Essen die lebhafte Abendatmosphäre in einem der vielen Pubs, Clubs oder Veranstaltungsorte mit Live-Musik in Playa Blanca.

Tag 2: Kunst feiern und Inselkultur erkunden

- Widmen Sie Ihren Vormittag einer Erkundung der César-Manrique-Stiftung. Dieses faszinierende Museum und

Kulturzentrum würdigt das Erbe des berühmtesten Künstlers und Architekten Lanzarotes. Die Stiftung befindet sich in Manriques ehemaligem Wohnsitz, einer meisterhaft integrierten Reihe von Räumen, die direkt in einen vulkanischen Lavastrom gebaut wurden. Hier können Sie eine Sammlung seiner Gemälde, Skulpturen und Wandgemälde sowie persönliche Artefakte wie sein Auto, seine Bücher und seine Kleidung bewundern. Nehmen Sie sich Zeit, um die einzigartige Architektur des Hauses zu bewundern – fünf miteinander verbundene Vulkanblasen, ein atemberaubender Swimmingpool, üppige Gärten und eine malerische Terrasse – allesamt ein Ausdruck von Manriques Vision.

- Ihr nächster Halt ist Teguise, die ehemalige Hauptstadt von Lanzarote und ihre älteste Stadt. Schlendern Sie durch bezaubernde Kopfsteinpflasterstraßen und genießen Sie die koloniale Atmosphäre historischer Gebäude wie dem Castillo de Santa Bárbara, dem Palacio Spínola und der Iglesia de Nuestra Señora de Guadalupe. Museen wie das Museo del Timple und das Museo de la Piratería oder Galerien wie die Galería de Arte Benito Pérez bieten weitere kulturelle Einblicke. Wenn Ihr Besuch mit einem Sonntag zusammenfällt, haben Sie Glück! Nehmen Sie an den Feierlichkeiten des berühmten Teguise-Marktes teil, einem lebhaften Fest mit lokalem Kunsthandwerk, köstlichem Essen und traditioneller Musik.

- Gönnen Sie sich ein authentisches Mittagessen in einem der einladenden Restaurants von Teguise – La Cantina, La Palmera oder El Patio sind alle für ihre köstlichen kanarischen Spezialitäten bekannt. Probieren Sie regionale Spezialitäten wie „Papas Arrugadas" (faltige Kartoffeln), würzige „Mojo" (scharfe Soße) und „Gofio" (geröstetes Maismehl).
- An diesem Nachmittag setzen Sie Ihre kulturelle Erkundung fort und tauchen tiefer in die visionären Werke von César Manrique ein. Die Jameos del Agua sind ein natürliches Höhlensystem, das durch das Genie des Künstlers in einen Raum mit einem Auditorium, einem Museum, einem Restaurant und einem atemberaubenden Pool verwandelt wurde. Lassen Sie sich anschließend von der Cueva de los Verdes verzaubern, einer weiteren spektakulären Höhle, die von Manrique beleuchtet und

kunstvoll gestaltet wurde und einen Hauch von Magie und Geheimnis vermittelt. Steigen Sie schließlich zum Aussichtspunkt Mirador del Río auf, der auf einer Klippe errichtet wurde und atemberaubende Panoramen auf die Insel La Graciosa und den umliegenden Archipel bietet.

- Am Ende des Tages machen Sie sich auf den Weg nach Arrieta, einem malerischen Fischerdorf an der Nordküste. Entdecken Sie einen schönen Sandstrand und einen ruhigen Naturpool. Dies ist der perfekte Rahmen, um ein Abendessen mit frischen Meeresfrüchtespezialitäten in gemütlichen, authentischen Restaurants wie El Amanecer, El Charcón oder Casa de la Playa zu genießen. Genießen Sie den Fang des Tages oder gönnen Sie sich eine schmackhafte Paella, während Sie die friedliche Atmosphäre genießen.

Tag 3: Küstenschätze und Inselerkundung

- Beginnen Sie Ihren Tag mit der Schönheit der Papagayo-Strände, einer Reihe unberührter Buchten an der Südküste Lanzarotes in der Nähe von Playa Blanca. Diese Strände, die für ihren weichen weißen Sand, das kristallklare türkisfarbene Wasser und die dramatischen Felsklippen bekannt sind, gelten oft als einige der schönsten der Insel. Verbringen Sie Ihren Vormittag damit, sich am Strand zu entspannen, im einladenden Meer zu schwimmen, die Gegend mit Schnorchel und Tauchermaske zu erkunden oder sich vielleicht im Kajakfahren zu versuchen, während Sie die atemberaubende Naturlandschaft genießen. Denken Sie daran, dass die Strände innerhalb eines Naturparks geschützt sind und für Fahrzeuge eine geringe Eintrittsgebühr erhoben wird. Alternativ können Sie das Gebiet auch zu Fuß oder mit dem Fahrrad von Playa Blanca aus erreichen.

- Nach einem entspannten Morgen am Strand ist es Zeit, die moderne Eleganz von Marina Rubicón zu entdecken. Dieser Yachthafen ist voller wunderschöner Yachten und bietet eine Reihe verlockender Restaurants am Wasser. Mittagessen in Lokalen wie La Cubierta, Blue Note oder Lani's Café, wo verlockende Menüs mit frischen Salaten, Sandwiches, leckeren Burgern oder leckeren Pizzen angeboten werden.

- Es erwartet Sie ein unvergesslicher Nachmittag, wenn Sie sich auf ein Katamaran-Abenteuer zur bezaubernden Insel La Graciosa begeben, der kleinsten und vielleicht unberührtesten der Kanarischen Inseln. Ihre Tour beinhaltet eine gemütliche Kreuzfahrt entlang der Küste Lanzarotes und bietet atemberaubende Ausblicke auf Vulkanformationen, Klippen und benachbarte Inseln. Ein Höhepunkt Ihres Tages wird ein Stopp an der Playa Francesa sein, wo unberührter Sand und einladendes Wasser zum Schwimmen, Schnorcheln oder Paddeln einladen. Als nächstes erleben Sie das malerische Dorf Caleta de Sebo – erkunden Sie es zu Fuß, mit dem Fahrrad oder unternehmen Sie eine Jeep-Tour, um den Charme dieser einzigartigen Insel zu entdecken. Zu Ihrem Katamaran-Abenteuer gehören auch erfrischende Getränke, Snacks und ein köstliches Barbecue an Bord!
- Genießen Sie nach Ihrer Rückkehr nach Playa Blanca eine große Auswahl an Speise- und Unterhaltungsmöglichkeiten. Es erwarten Sie Tapas-Restaurants wie La Chalanita, Fleisch- und Pasta-Restaurants wie El Mirador oder lebhafte Lokale wie La

Bocaina. Erwägen Sie im Laufe des Abends, das pulsierende Nachtleben von Playa Blanca mit seinen lebhaften Pubs, Nachtclubs und Veranstaltungsorten mit Live-Musik zu erkunden.

Tag 4: Vulkanwunder und Kakteenpracht

- Begeben Sie sich auf eine belebende Wanderung zum Montaña Cuervo, einem der am besten zugänglichen und atemberaubendsten Vulkane der Insel. Diese Rundwanderung gilt als einfach und führt Sie um den Rand des Kraters herum, der beeindruckende 200 Meter breit und 30 Meter tief ist. Sie haben die Möglichkeit, sich in den Krater selbst zu wagen und seine faszinierenden Besonderheiten wie Lavaröhren, Schlote und einzigartige Felsformationen zu erkunden. Genießen Sie während der Wanderung den Panoramablick auf Lanzarote, das Meer und die vielfältige Pflanzen- und Tierwelt der Insel, zu der Eidechsen, Vögel und natürlich die allgegenwärtigen Kakteen gehören.
- Lassen Sie sich anschließend in eine Welt stacheliger Schönheit im Jardín de Cactus entführen, einem

botanischen Garten mit einer atemberaubenden Sammlung von über 10.000 Kakteen aus der ganzen Welt. Dieser einzigartige Garten, ein weiteres Meisterwerk von César Manrique, weist ein kreisförmiges Design auf, das von einer festungsähnlichen Steinmauer begrenzt wird. Entdecken Sie im Garten eine Windmühle, einen ruhigen Teich und ein Café für Erfrischungen. Bewundern Sie die außergewöhnliche Vielfalt der Kakteenarten und erfahren Sie mehr über ihre Anpassungen und Verwendungsmöglichkeiten.

- Stärken Sie sich mit einem köstlichen Mittagessen in einem der nahegelegenen Restaurants. El Tenique, El Patio de la Tierra oder La Era sind ausgezeichnete Möglichkeiten, um die Aromen der Region zu probieren. Probieren Sie klassische kanarische Gerichte wie „Potaje de Berros“ (Brunnenkressesuppe), „Carne de Cabra“ (Ziegenfleisch) oder probieren Sie den verlockenden „Queso Asado“ (gegrillter Käse).

Ihr Nachmittag ist voller vulkanischer Entdeckungen! Erwägen Sie die Erkundung des Corona-Vulkans, des größten und ältesten auf Lanzarote, mit einem riesigen

Krater mit einem Durchmesser von 1,5 Kilometern. Seine Lavaröhre reicht bis zum Meer! Die Cueva de los Verdes erwartet Sie – dieser beleuchtete Abschnitt der Lavaröhre wurde durch die künstlerische Vision von César Manrique in einen Raum voller Geheimnisse und Wunder verwandelt. Beenden Sie Ihren Tag im Jameos del Agua, ebenfalls Teil der U-Bahn, wo Manriques Genie ein Auditorium, ein Museum, ein Restaurant und einen atemberaubenden Pool geschaffen hat. Hier können Sie sogar einen Blick auf die endemischen Blindkrabben erhaschen, die diesen einzigartigen Lebensraum zu ihrem Zuhause machen.

- Beenden Sie Ihren Tag im bezaubernden Orzola, einem traditionellen Fischerdorf an der Nordküste Lanzarotes. Mit seinem Hafen und Strand bietet das Dorf einen entspannten Rahmen für ein köstliches Abendessen. Gemütliche und authentische Restaurants wie Casa Arráez, El Norte oder Perla del Atlántico sind auf die frischesten Meeresfrüchte und verlockenden Reisgerichte spezialisiert und bieten den perfekten Abschluss Ihres Erkundungstages.

Tag 5: Wählen Sie Ihr eigenes Abenteuer

An diesem Tag können Sie Ihr Lanzarote-Erlebnis individuell gestalten und sich Aktivitäten gönnen, die Ihren Interessen und Ihrem Energieniveau entsprechen! Vielleicht möchten Sie einfach die Annehmlichkeiten Ihrer Unterkunft genießen. Genießen Sie ein entspanntes Bad im Pool, gönnen Sie sich eine wohltuende Spa-Behandlung oder trainieren Sie im Fitnessstudio. Alternativ könnte dies die perfekte Gelegenheit sein, einen geliebten Ort von früher auf Ihrer Reise noch einmal zu besuchen oder sich auf ein neues Abenteuer einzulassen, das Sie noch nicht erlebt haben. Und natürlich bietet Lanzarote jede Menge Shopping, Sport und einzigartige Aktivitäten für jeden Geschmack und Geldbeutel. Lassen Sie uns einige Möglichkeiten erkunden:

- **Shopping-Erkundung:** Lanzarote bietet eine große Auswahl an Einkaufsmöglichkeiten, die Ihren Bedürfnissen gerecht werden. Von geschäftigen lokalen Märkten voller handgefertigter Schätze bis hin zu modernen Einkaufszentren mit internationalen Marken ist für jeden etwas dabei. Entdecken Sie lokales Kunsthandwerk wie Töpferwaren, aufwendige Lederwaren, einzigartigen Schmuck und Textilien oder gönnen Sie sich lokal hergestellte Köstlichkeiten wie Käse, Wein, Honig und Aloe-Vera-Produkte. Für internationale Marken wie Zara, Mango, H&M und Nike oder Entdeckungen lokaler Designer wie Lava, Nao und Gori de Palma besuchen Sie beliebte Einkaufsziele wie den Teguise-Markt, Biosfera Plaza oder Marina Rubicón.

- **Sportbegeisterte freuen sich:** Lanzarote ist der Traum eines jeden Outdoor-Liebhabers und bietet zahlreiche Möglichkeiten, an Land und zu Wasser aktiv zu bleiben! Entdecken Sie die natürliche Schönheit der Insel bei einer malerischen Wanderung, einer aufregenden Radtour oder einem unvergesslichen Reitausflug. Für diejenigen, die sich nach Wasser sehnen, ist Lanzarote ein Paradies zum Surfen, Windsurfen, Kitesurfen und Tauchen. Entdecken Sie das lebendige Meeresleben und testen Sie Ihre Fähigkeiten gegen die Wellen! Und wenn Sie lieber Golf, Tennis oder Bowling spielen, gibt es fantastische Einrichtungen, die auch dafür geeignet sind. Zu den beliebten Orten für Sportbegeisterte zählen Famara Beach, Costa Teguise Golf und der Santa Rosa Leisure Park.

- **Es gibt zahlreiche einzigartige Aktivitäten:** Von kulturellen Aktivitäten bis hin zu aufregenden Abenteuern hat Lanzarote für jedes Interesse etwas zu bieten. Geschichtsinteressierte können in faszinierende Museen wie das Museo Atlántico, das Museo Agrícola El Patio oder das Museo Internacional de Arte Contemporáneo eintauchen. Für einen Hauch von Skurrilität sollten Sie beliebte Themenparks und Attraktionen wie den Rancho Texas Lanzarote Park, den Aqualava Water Park oder das Lanzarote Aquarium nicht verpassen. Begeben Sie sich auf eine unvergessliche Tour oder einen unvergesslichen Ausflug – die U-Boot-Safari, der Volcano Express oder die Lanzarote-Weintour bieten einzigartige Möglichkeiten, die Wunder der Insel zu erkunden.

Tag 6: Geschichte und natürliche Schönheit verbinden

- Beginnen Sie Ihren geschichtsträchtigen Morgen im Castillo de San José, einer majestätischen Festung aus dem 18. Jahrhundert, die zur Verteidigung der Insel gegen Piratenangriffe errichtet wurde. Die Festung thront auf einer Klippe mit Blick auf den Hafen von Arrecife und beherbergt auch das Museo Internacional de Arte Contemporáneo. Tauchen Sie ein in diese Sammlung mit renommierten Künstlern wie Picasso, Miró, Tàpies und Soto. Nehmen Sie sich einen Moment Zeit, um von der Festung aus das atemberaubende Küstenpanorama zu genießen, bevor Sie im Café ein erfrischendes Getränk oder einen Snack genießen.

- Ihr nächster Halt ist das faszinierende LagOmar, ein Museum und ehemalige Residenz des legendären Schauspielers Omar Sharif. Das vom Visionär César Manrique und Jesús Soto entworfene Anwesen wurde in einem Vulkansteinbruch errichtet und schafft so einen bemerkenswert einzigartigen und integrierten Raum. Erkunden Sie die erhaltenen Räume und Möbel sowie faszinierende Erinnerungsstücke aus Sharifs Leben. Die Architektur und das Design sind gleichermaßen beeindruckend und verfügen über einen Pool, einen üppigen Garten und eine malerische Terrasse.

- Genießen Sie die Aromen der Region während einer köstlichen Mittagspause in einem der nahegelegenen Restaurants. La Tegala, El Toro oder El Sibarita sind alle auf lokale Spezialitäten wie „vieja“ (Papageienfisch), „cabrito“ (Ziege) oder den köstlichen „queso frito“ (frittierter Käse) spezialisiert.
- Widmen Sie Ihren Nachmittag der Erkundung einiger der atemberaubenden Naturattraktionen der Gegend. Zunächst heißt Sie der Jardín de Cactus mit seiner Sammlung von über 10.000 Kakteen aus aller Welt in einer Welt voller stacheliger Wunder willkommen. Für ein kleineres, aber ebenso künstlerisches Erlebnis kombiniert der César Manrique Cactus Garden Kakteen mit Manriques einzigartigen Skulpturen und Wandgemälden. Beobachten Sie abschließend die traditionellen Produktionsmethoden in den Salinen von Guatiza, wo die Salzwiesen auch faszinierende Vogelarten wie Flamingos, Reiher und Reiher anziehen.
- Wenn der Abend naht, machen Sie sich auf den Weg nach Costa Teguise, einem einladenden Ferienort mit einem wunderschönen Sandstrand und einem beliebten

Golfplatz. Es erwartet Sie eine große Auswahl an Restaurants und Bars, die verlockende internationale Gerichte wie Pizza, Sushi oder Curry anbieten. Nach dem Essen möchten Sie vielleicht das lebhafte Nachtleben von Costa Teguise mit seinen Pubs, Clubs und Veranstaltungsorten für Live-Musik ausprobieren.

Tag 7: Freizeit- und Abreisevorbereitungen

Today ist auf Flexibilität ausgelegt! Genießen Sie einen letzten entspannten Morgen in Ihrer Unterkunft und gönnen Sie sich vielleicht ein letztes Bad, eine Spa-Behandlung oder eine Trainingseinheit. Dies ist eine weitere Chance, einen Lieblingsort noch einmal zu besuchen oder einen Ort zu entdecken, für den Sie bisher keine Zeit hatten, ihn zu erkunden. Abhängig von Ihren Interessen können Sie eine letzte Runde einkaufen, einer Lieblingssportart nachgehen oder sich auf eine neue Aktivität einlassen. Und natürlich geht es heute auch um die notwendigen Vorbereitungen für den Abflug: Packen Sie Ihre Koffer, checken Sie aus Ihrer Unterkunft aus und stellen Sie sicher, dass Sie für Ihren Abflug bereit sind.

PLANEN SIE HIER IHRE LANZAROTE-REISE

Printed in Poland
by Amazon Fulfillment
Poland Sp. z o.o., Wrocław

40329230R00125